# 반찬등속,
# 할머니 말씀대로 김치 하는 이야기

강신혜 지음

# 반찬등속
### 충북유형문화재

ⓒ《일본지리풍속대계》(신광사, 1930)

# 1913년 청주, 음식 이야기가 시작되었다

〈반찬등속〉은

1913년에 편찬된 충북 지역 유일의 필사본 고조리서로, 전체 32장이며 조리서와 문자책으로 구성되어 있습니다. 조리서 부분에는 김치와 짠지, 떡, 한과, 술 등 47종 음식의 조리법이 실려 있고, 문자책 부분에는 식재료와 음식, 집과 가구, 의복의 명칭과 사자성어가 실려 있어 1910년 전후 청주 지역의 음식문화와 생활상을 알 수 있는 귀한 자료입니다. 저자는 진주 강씨 집성촌인 청주 상신동에 거주한 강씨 문중의 며느리 밀양 손씨(1841~1909)이며, 할머니가 생전에 기록한 내용을 손자 강규형이 한 권의 책으로 엮었습니다. 2019년 7월 5일 충북 유형문화재 제381호로 지정되었으며 현재 청주국립박물관에 소장되어 있습니다.

〈반찬등속 보존회〉는

〈반찬등속〉의 저자 밀양 손씨 후손들로 구성되었으며, 밀양 손씨의 뜻을 계승해 한국과 청주 지역의 전통 음식을 복원하고 현대화하는 작업을 하고 있습니다.

# 이 책은 이렇게 만들어졌다

이 책을 아버지 강광희 씨에게 바칩니다

3년 전 아버지께서는 달라는 유산 대신 유업만 남기고 돌아가셨다. 어떡해서든 무엇이든 〈반찬등속〉과 관련된 일을 하라는 말씀이셨다. 생전에도 자식들을 〈반찬등속〉에 끌어들이기 위해 여러 시그널을 보내셨지만 짐짓 못 본 척했다. 지금 충분히 행복한데, 왜 새삼스럽게 뭘 또 시작한단 말인가.

나는 아침에 눈을 뜨자마자 그날 먹고 싶은 음식이 떠오르고, 먹고 싶은 음식이 있으면 외국이라도 찾아간다. 맛있게 먹기 위해서는 제대로 알아야 한다는 생각에 오래전부터 한국요리와 전통주, 한과를 배우는 여러 전문 과정을 듣고 한식 조리사 수업도 들었다(시험은 보지 않아 자격증은 없다). 그러나 그건 내가 음식에 관련된 책을 읽거나 외국 여행 가서 쿠킹클래스를 듣거나 바리스타 자격증을 따고 채소 소믈리에 과정을 밟는 것과 같은, 단지 나의 삶을 풍부하게 해주는 취미였을 뿐이다. 무엇을 하거나 이루고자 하는 공부는 아니었다.

그래서 〈반찬등속〉에 관련된 일을 시작하는 것이 두려웠다. 이런저런 과정을 듣고 배우면서 음식에 관련된 일을 생업으로 하는 사람들의 진정성과 치열함을 근경에서 봤기 때문이다. 도대체 나 같은 배부른 프로 취미러가 뭘 한다는 말인가.

아버지께서는 돌아가시기 1년 전부터 육촌 언니들과 연구모임을 만들어 일가친척들의 음식 경험과 기억을 모으고, 그것을 바탕으로 〈반찬등속〉에 실린 다양한 음식들의 윤곽을 뚜렷이 하는 작업을 시작하셨다. 그런데 어느 순간 정신을 차리고 보니 그 안에서 그분들의 기억을 받아 적고 있는 나를 발견했다.

이 책은 이렇게 시작되었다. 시작하니 뻔뻔스럽게도 오랜 나의 행복한 취미 생활이 밑거름이었을까 하는 생각이 든다. 3년 동안 〈반찬등속〉에 실린 음식들을 만들고 또 만들었고, 버리고 또 버렸다. 자료를 보면서 좌절하고 만들면서 좌절하고 맛을 보여주고 좌절하고 친척 어른들을 만나면서 좌절했다. 〈반찬등속〉에 실린 단어 하나 문구 하나에 집착하고 매달렸다. 이렇게도 해보고 저렇게도 해보며, 바꾸고 바꾸고 또 바꿔봤다. 그러다 더 늦기 전에 일단 발걸음만이라도 떼야 한다는 생각으로, 이 책 〈반찬등속, 할머니 말씀대로 김치 하는 이야기〉를 내놓는다. 완성형이 아니라 그저 진행형이다. 스스로에게 무한긍정인 내 눈에도 이 책의 부족함이 많이 보인다. 그저 후손의 갸륵한 마음이라 봐주길 바란다. 두렵지만 앞으로 〈반찬등속〉에 실린 나머지 음식들, 그러니까 짠지와 한과, 떡, 반찬, 술에 관한 책도 만들 계획이다. 그리고 무슨 일인가 더 해야 한다. 그것이 무엇이 될지 나도 궁금하다.

**반찬등속보존회 연구모임**

**강신혜**

**이야기하는 순서**

013 〈반찬등속〉〈반찬등속보존회〉 소개

015 이 책은 이렇게 만들어졌다

018 100년 전, 1913년 청주의 김치 하는 이야기
〈반찬등속〉에 실린 100년 전 김치 9종
무김치, 깍독이, 짠지, 고추김치 1, 오이김치, 고추김치 2, 갓데기, 외이김치, 배추짠지

038 〈반찬등속〉의 김치 9종에 대한 짧고 얕은 공부
100년 전 김치는 어떤 모습이었을까
고조리서와 고문헌으로 본 김치의 발달사
100년 전 김치, 양념의 기본 공식
〈반찬등속〉이 김치에 고추를 쓰는 법

060 100년 후, 2022년 다시 만드는 〈반찬등속〉 김치
맛김치 혹은 막김치, 오이열무 물김치, 알타리무 고추김치,
해물배추김치, 옛날동치미, 국물깍두기, 해물백김치

108 김치는 다른 음식의 재료가 된다
고추김치2로 만드는 반찬 7가지

114 100년 후 오늘, 후손들의 김치
밀양 손씨의 손녀 강청자의 외손녀 류묘순의 열무김치
상신동의 강씨 집안 며느리 김민서의 배추김치
밀양 손씨의 손자 강규형의 며느리 이영애의 나박김치

134 조기로드, 서해안에서 청주 상신까지
서해안 조기는 어떻게 청주의 김치 속으로 들어왔을까
조기와 그의 친척들
조기를 김치에 쓰는 법

154 〈반찬등속〉 문자집에 실린 1910년 전후의 음식 용어 사전

160 〈반찬등속〉의 저자 밀양 손씨와 편저자 손주 강규형 이야기

164 참고서적

# 100년 전, 1913년 김치 하는 이야기

**존재하는 모든 것에는 역사가 있다**

〈반찬등속〉에 나오는 김치 7종과 짠지 10종 중 현대적인 의미의 김치로 분류될
수 있는 9가지를 재현했다. 이것들의 공통점은 채소를 소금으로
절이거나 담갔다는 점이다. 〈반찬등속〉 원본에서 자세히 설명되지 않은 부분은
다른 고조리서들의 김치 설명을 날실씨실 엮듯 참조하고
어머니와 친척 어르신들의 말씀을 참조했다. 사용된 채소의 품종과 염도를
제외하면 당시의 제법을 재현하기 위해 노력했다.

# 무김치

"무김치는 무를 씻어다가 독에 넣고 소금을 체에 쳐서 무 있는 데에 많이 붓고 마른 채로 절여서 부었다가 하루나 이틀 후에 무에 있는 소금을 도로 많이 집어내고 다시 소금물을 해 붓는다. 고추는 풋고추를 쓰되 꼭지 밑을 가위로 잘라 버리고 김치 무 속에 집어넣고, 생조기를 난도하여 많이 넣어라."

마늘과 생강 같은 양념 없이 오로지 무와 풋고추만 넣고 담근다. 무를 절인 소금과 그때 생긴 소금물을 국물을 만들 때 다시 쓴다. 풋고추는 미리 삭히지 않았고 조기는 다져 넣었다.

**재료** 무 6개, 풋고추 30개,
조기 1마리
**양념** 물 3L, 소금 1컵

1. 무는 잔뿌리를 떼어내 손질하고 씻어서 한 개씩 소금에 굴려 항아리에 차곡차곡 담는다. 남은 소금으로 위를 덮는다.
2. 1~2일 후 무가 절여져 항아리에 물이 생기면 무를 꺼내 소금을 깨끗이 털어낸다. 이때 소금물과 녹지 않은 소금은 모아놓는다.
3. 생조기의 살은 발라서 다지고 머리와 뼈, 껍질 등 나머지는 물을 넣고 끓여 한지에 걸러 조기육수를 만든다.
4. 고추는 씻어 꼭지를 2cm가량 남기고 자른다.
5. 2의 소금물에 물과 조기육수를 섞고 남은 소금을 녹여 국물을 만든다.
6. 베주머니에 다진 조기살을 넣고 입구를 묶어 바닥에 깔고 고추, 무 순서로 넣고 국물을 항아리 가득 붓는다.

# 깍독이

"깍독이는 무를 네모반듯하게 작게 썰어 소금에 절이고 고추와 마늘을 난도하여 소금물에 버무려 물을 만든다. 썰어 놓은 무를 합하여 놓고 생강을 잘게 채 쳐서 섞고 조기를 난도하여 많이 넣는다."

궁중 깍두기 송송이처럼 무를 작게 썰어 담근다. 〈반찬등속〉에서 드물게 소금에 절이라고 구체적으로 언급되어 있다. 무를 소금에 절이고, 소금물에 고추와 마늘을 넣어 양념을 만들어 담갔다. 완성된 모양이나 제법이 지금의 깍두기와 유사하다. 김장용 깍두기로 보인다.

**재료** 무 1개, 조기 늘마리, 절임용 소금 2큰술
**양념** 생홍고추 5개, 마늘 5쪽, 생강 1쪽,
소금 2작은술

1 무를 1x1cm로 깍둑썰기해서 소금에 절인다.
2 고추와 마늘은 다지고, 생강은 채 친다.
3 생조기는 살은 발라 다지고 나머지는 물을 넣고 끓여 조기육수를 만든다.
4 절인 무를 체에 밭쳐 물을 뺀다.
5 소금물에 고추와 마늘을 섞어 양념을 만든다.
6 무를 양념에 버무리고 생강채와 조기살, 조기육수를 섞는다.

# 짠지

"짠지는 무를 반달지게 썰고 배추는 통으로 썬다. 또 무이파리를 썰어서 한데 섞은 후에 소금물을 만들어 붓는다. 생강을 썰어 넣고 마늘을 잘게 채 쳐서 넣고 해말을 넣고 붉은 고추를 가늘게 썰어 넣는다. 또 조기는 굵게 찢어 넣는다."

배추와 무, 무청을 썰어서 섞은 후 미리 만들어놓은 소금물을 붓고, 거기에 채 친 양념을 섞는다. 소금물은 김치 건더기가 다 잠길 정도의 분량이어야 한다. 해말은 청각인데 옛날에는 김치에 많이 넣었다. 이 짠지는 1910년 전후 강씨 집안의 일상적인 겨울 김치였다.

**재료** 무 1개, 배추 반 포기, 무청 1개 분량, 조기 1마리

**양념** 생홍고추 5개, 마늘 8쪽, 생강 2쪽, 마른 청각 3g, 소금 3큰술, 물 2L

1. 배춧잎은 한 장씩 떼어 씻어 2~3장씩 겹쳐 5cm 길이로 썬다.
2. 무는 씻어 0.5cm 두께로 반달썰기하고 무청은 5cm 길이로 썬다.
3. 마른 청각은 물에 불려 문질러 3~4번 씻은 후 잘게 다진다.
4. 조기는 살만 저며 굵게 찢는다. 나머지는 육수로 만든다.
5. 고추는 씨를 빼고 가늘게 채를 썬다. 마늘과 생강도 채 썬다.
6. 물 2L에 조기육수를 섞고 소금을 넣어 짭짤한 국물을 만든다.
7. 6의 국물에 배추와 무, 무청을 섞어 넣고 고추채와 마늘채, 생강채, 다진 청각, 다진 조기를 넣어 항아리에 담는다.

# 고추김치 [1]

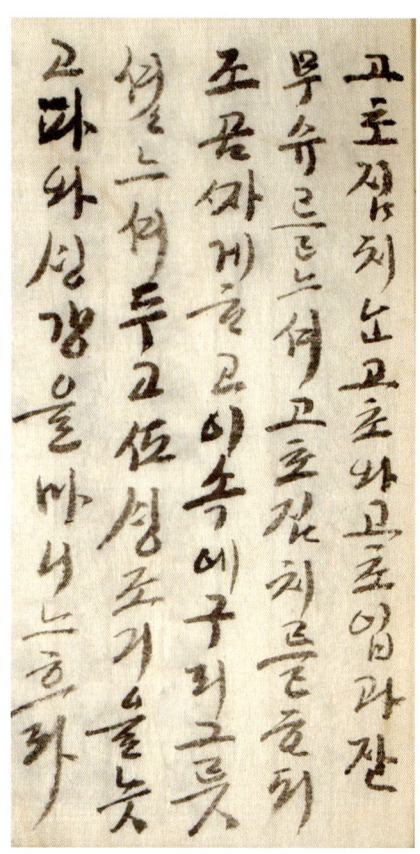

"고추김치는 고추와 고춧잎과 잔무를 넣어서 고추김치를 하되, 조금 짜게 하고 이 속에 구리 그릇을 넣어두고, 또 생조기를 넣고 파와 생강을 많이 넣어라."

여름 끝물쯤 성나고 두꺼워진 고추와 고춧잎을 모두 훑어 무김치(동치미)에 쓰지 못하는 작은 무와 같이 허드레 김치로 담갔다. 특별한 언급은 없지만 앞의 김장용 깍두기 '깍독이'처럼, 이 고추김치도 먼저 절여 담갔을 것으로 해석했다. 겨우내 반찬으로도 먹고 다른 재료와 함께 지지거나 찌개로 끓여 먹었다. 구리는 김치가 산패해 맛과 색이 변하는 것을 막는다.

**재료** 알타리무 1단, 풋고추 24개, 말린 고춧잎 40g, 조기 1마리, 쪽파 20줄기, 절임용 소금 반 컵
**양념** 생강 3쪽, 소금 1.5큰술

1. 알타리무는 깨끗이 다듬어 씻은 다음 소금에 3시간 정도 절인다. 절여지면 그대로 소쿠리에 받쳐 물기를 뺀다.
2. 풋고추와 쪽파는 다듬어 씻고 물기를 빼놓는다.
3. 생조기는 살만 발라 다지고 나머지는 육수를 만든다.
4. 생강은 채 썬다.
5. 물 1컵에 조기육수를 넣고 다진 조기살과 채 썬 생강을 섞고 소금으로 짜게 간을 맞춰 양념을 만든다.
6. 고추와 고춧잎, 알타리무, 쪽파를 양념에 버무려 담는다.
7. 하루 지나 국물에 김치가 다 잠기지 않았으면 물에 소금을 간간하게 타서 부어준다.

# 오이김치

"오이김치는 한창 크는 오이를 갓 따서 한가운데를 열십자로 가르고 그 속에 마늘과 고추를 난도하여 넣어서 소금물에 넣고 조기를 다지어 넣었다가 써라."

소박이 형태의 김치는 우리나라 김치사에 일찍 등장하는데 통일신라시대 때부터 오이를 즐겨 먹었고 17세기에는 이미 소박이 형태의 오이김치를 담갔다고 한다. 오이 가운데를 열십자로 칼집을 내고 마늘과 고추를 다져서 양념을 만들어 안쪽까지 넣고, 소금물에 다진 조기를 넣어 국물을 만들어 양념한 오이에 붓는다.

**재료** 오이 5개, 조기 ½마리
**양념** 생홍고추 5개, 마늘 3쪽,
소금 1작은술
**국물** 물 2컵, 소금 1.5작은술

1  오이는 씻어 양 끝을 잘라낸다. 양 끝을 1~2cm 남기고 중앙에
   칼집을 길게 넣은 후 90도 돌려 칼집을 넣어 열십자로 가른다.
2  조기는 살만 발라 곱게 다지고 나머지는 조기육수를 만든다.
3  마늘과 고추는 다져 소금을 넣어 양념을 만든다.
4  열십자로 자른 오이의 안쪽까지 양념을 꼼꼼하게 바르고
   겉면에도 양념을 발라 항아리에 차곡차곡 담는다.
5  물과 조기육수, 조기살을 섞고 소금으로 간을 맞춰 국물을
   만들어 오이가 잠길 정도로 붓는다.

# 고추김치 [2]

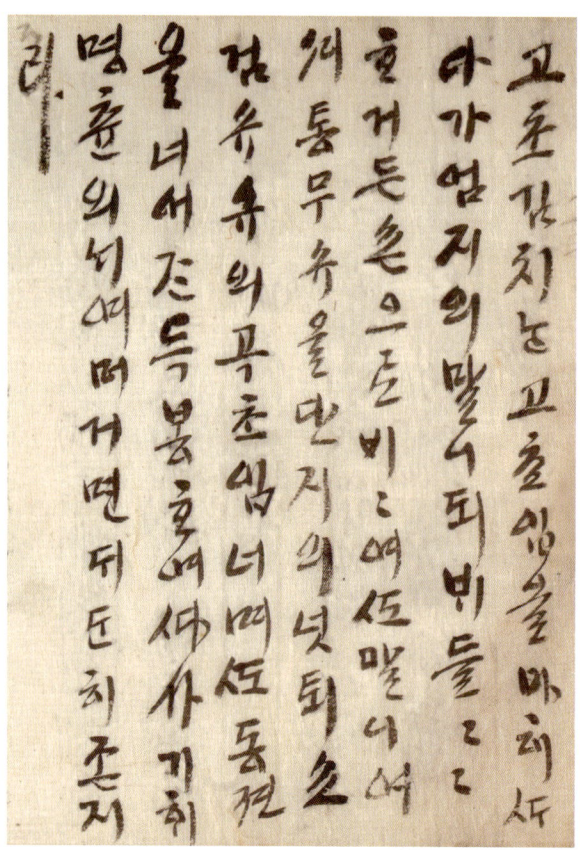

**"고추김치는 고춧잎을 많이 따다가 그늘에 말리되 비들비들해지면 손으로 비벼 말린다. 통무를 단지에 넣되 소금 수수의 고춧잎을 넣으며 또 동전을 넣어 잔뜩 봉하였다가 그해 명춘에 꺼내어 먹으면 좋다."**

고춧잎을 제철에 따서 말려두었다가 물에 불려 무와 함께 소금에 절인다. 겨우내 저장했다가 다음 해 봄 김장이 떨어지면 꺼내어 탈염해서 먹는다. 아주 짜게 담근다. 옛날 동전은 구리 함량이 높아 김치가 산패하는 것을 막아준다. 원본에서 '수수'의 의미는 알 수 없다.

**재료** 무 3개, 말린 고춧잎 50g
**양념** 소금 1컵

1. 고춧잎은 데쳐 그늘에서 말린다. 말리면서 뭉치지 않게 가끔씩 손으로 잎을 비벼준다.
2. 말린 고춧잎을 물에 담가 충분히 불린 후 헹궈 물기를 꼭 짠다.
3. 깨끗이 다듬어 세척한 무를 소금에 굴려 항아리에 차곡차곡 담고 무 사이에 고춧잎을 넣고 나머지 소금으로 위를 덮는다.
4. 겨우내 저장했다가 이듬해 봄에 꺼내 탈염해서 조리해 먹는다.

# 갓데기

**"갓데기는 무를 골패짝만 하게 네모반듯반듯하게 깎아서 하되 새우젓물과 조기와 고추를 부수어 넣어라."**

무는 골패 모양의 납작한 직사각형으로 썰고, 새우젓은 젓국 형태로, 조기는 다져서 넣는다. '바슈어(부수어)'라는 단어로 볼 때 말린 고추를 가루 형태로 가공해 사용한 것으로 보인다. 20세기 초에 많이 담가 먹던 깍두기로, 〈반찬등속〉 이후 출간된 〈조선요리제법〉과 〈조선무쌍신식요리제법〉에 실린 깍두기와 재료와 제법이 거의 같다.

**재료** 무 1개, 조기 늘마리
**양념** 말린 고추 10개,
새우젓 1큰술, 소금 1작은술

1. 새우젓은 다져 물을 조금 섞은 다음 체에 밭쳐 젓국을 만든다.
2. 조기는 살만 발라 다지고 나머지는 조기육수를 만든다.
3. 무를 2x3x0.5cm 크기의 납작한 골패 모양으로 썬다.
4. 말린 고추는 씨를 발라내고 절구에 넣고 빻아서 굵은 체로 내려 가루로 만들어 쓴다.
5. 무에 4의 고춧가루와 조기살을 넣고 치대듯 버무리고 나서 조기육수와 새우젓물을 넣어 섞는다.
6. 소금으로 간을 맞춰 항아리에 담는다.

# 외이김치

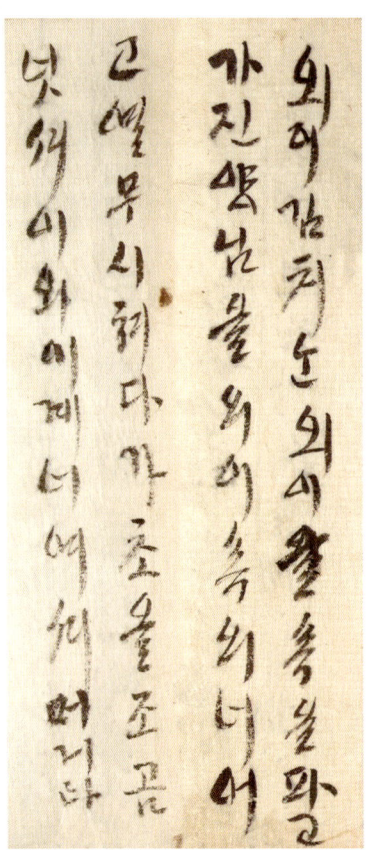

**"외이김치는 오이 속을 파고 갖은 양념을 오이 속에 넣고 열무를 씻어서 초를 조금 넣어 이 오이에 넣어서 먹으라."**

우리나라 어디에서나 잘 자라는 대표적인 여름 채소인 오이와 열무로 담근 김치. 무르기 쉬운 오이 속을 완전히 제거해서 안에 양념과 열무를 넣었다. 〈반찬등속〉 김치 중 유일하게 초가 들어가는데 담근 즉시 먹어야 한다. 어떤 고조리서에도 나오지 않는 독창성이 돋보이는 김치다.

**재료** 오이 5개, 열무 반 단
**양념** 생홍고추 5개, 생강 2쪽, 식초 1큰술, 소금 2큰술

1  곧게 자란 오이를 소금으로 씻어 속이 보일 정도로 양 끝을 2~3cm 이상 잘라낸다.
2  오이 속에 젓가락을 깊이 넣어 둥굴려 속을 깔끔하게 제거한다.
3  열무를 깨끗이 씻어 물기를 뺀다.
4  고추와 생강은 곱게 채 썬다.
5  물 1컵에 소금을 녹이고 4의 각종 채와 식초를 섞어 양념을 만든다.
6  양념을 나누어 열무와 오이를 각각 버무린다.
7  양념한 열무를 오이 안으로 밀어 넣어 빼곡하게 채운다.
8  남은 열무를 항아리 바닥에 한 켜 깔고 그 위에 열무로 속을 채운 오이를 넣고 위를 남은 열무로 덮는다.

# 배추짠지

"배추짠지는 좋은 것으로 하되 고추를 실고추로 썰어서 하고 조기와 문어와 전복을 저미어 배추 고갱이에 넣되 생강과 고추와 조기, 문어, 전복을 한데 넣어라."

'고갱이'가 언급된 것으로 보아 반결구 배추를 쓴 것으로 보인다. 제법에 대한 특별한 설명은 없으나 앞쪽 김장용 깍두기 '깍독이'처럼 절였다. 시기가 앞선 〈규합총서〉와 〈시의전서〉에서 이미 배추를 소금이나 장에 절이는 과정이 있기 때문이다. 조기와 문어, 전복 등의 해물을 저며 양념해서 고갱이 사이에 소로 넣었다.

**재료** 배추 2포기, 문어 다리 2개, 조기 2마리,
전복 3개, 절임용 소금 2컵
**양념** 말린 고추 6개, 생강 3쪽, 소금 1.5큰술
**국물** 물 2L, 소금 2큰술

1. 배추는 반을 갈라 소금을 뿌려 하루 정도 절이고 충분히 절여졌으면 헹궈 물을 완전히 빼 놓는다.
2. 고추는 씨를 발라 곱게 채 썰고 생강도 채 썬다.
3. 문어 다리는 포를 뜨듯이 저미고 가는 부분은 3cm로 자른다.
4. 조기는 살만 발라 얇게 저민다. 나머지는 육수로 만든다.
5. 전복은 깨끗하게 손질해 얇게 포 뜬다.
6. 물 2컵에 조기육수와 생강채, 고추채를 넣고 소금으로 간한다.
7. 6의 양념을 일부 덜어 저민 전복과 문어, 조기를 버무려 놓는다.
8. 배춧잎을 한장한장 꼼꼼히 양념을 발라주고, 고갱이에 7의 해산물을 넣고 바깥쪽 큰 잎을 앞쪽으로 돌려 전체를 감싼다.
10. 9를 항아리에 담고 간간한 소금물을 만들어 잠기도록 붓는다.

# 1910년 전후의 청주 김치는 어떤 모양이었을까

# 〈반찬등속〉의 김치 9종에 대한 나의 짧고 얕은 공부

전문 연구자가 아니라면 〈반찬등속〉에 실린 김치에 대한 첫 반응은 대체적으로 비슷하다. 요즘의 김치와 다른 점이 보여 머리엔 의문부호가, 가슴에는 불편함이 느껴진다.

불과 100년 전이지만 〈반찬등속〉의 김치는 현재의 김치와 다르다. 무엇보다 우리의 인식 속에 자리 잡고 있는 '김치 = 빨갛다'의 등식이 성립하지 않아 당혹스럽다. 이 책에 실린 김치의 절반은 하얗다. 고추가 들어가도 그 중 3종은 실고추 형태다. 양념도 부족해 보인다. 우리들에게 영혼의 식재료처럼 느껴지는 마늘은 몇 김치에서는 언급조차 없다. 젓갈이나 액젓이 아니라 웬걸, 생조기가 대부분의 김치에 주야장천 들어간다. 찹쌀풀이나 밀가루풀도 쓰지 않았다.

명칭도 불편하다. 김치와 짠지라는 단어가 섞여 나오는데, 가장 요즘 김치 같아 보이는 2종에는 짠지라는 이름이 붙었다. 그런데 막상 다른 짠지에는 간장이 들어간다? 머리가 뒤죽박죽이 된다. 그래서 〈반찬등속〉의 김치를 이해하려면 명칭과 분류부터 짚고 넘어가야 한다. (솔직히 처음에는 김치가 '반찬하는 법'이라는 장에 속해 있는 것도 불편했다. 엄격히 따지면 김치는 밥이 아니니 반찬이겠지만 우리에게 김치는 반찬이라기보다는, 말하자면, 그것 자체가 장르 아닌가.)

먼저 오이김치 2종(오이김치, 외이김치)과 깍두기 2종(깍독이, 갓데기)은 앞으로 보고 뒤로 봐도 김치다. 고민이 없다. 무김치는 요즘 동치미다. 그럼 김치다. 고추김치 2종은 좀 망설여진다. 고추김치1의 재료는 '잔무, 풋고추, 고춧잎, 파'이고, 고추김치2의 재료는 '무와 고춧잎'이다. 둘 다 별 양념도, 별 제법도 없이 소금에 짜게 담근다. 우리가 알고 있는 김치와 완전히 다르다. 그래도 김치라는 이름이 붙었으니 두 눈 딱 감고 김치로 분류하겠다.

이제 '짠지'라는 이름이 붙은 종류로 눈을 돌리자. 짠지, 배추짠지, 무짠지, 고춧잎짠지, 파짠지, 마늘짠지, 콩짠지, 박짠지, 북어짠지, 전복짠지 모두 10종이다. 재료로 분류하면 채소짠지 5종, 복합(채소+해물)짠지 3종, 해물짠지 2종이다. 채소짠지로 보이는 3가지에는 해물이 같이 들어간다. 마늘짠지에 홍합, 파짠지에 문어, 콩짠지에 북어 대가리를 같이 넣는다. 이번에는 절임(담금) 재료로 구분해보자. 소금(소금물)과 간장 두 가지다. 짠지와 고추짠지는 소금만 쓰였고, 그외 6종엔 간장만 쓰였거나 소금과 간장이 함께 쓰였다. 콩짠지와 배추짠지는 언급이 없다.

소금 : 짠지, 고춧잎짠지
소금 + 간장 : 무짠지, 북어짠지, 파짠지
간장 : 마늘짠지, 박짠지, 전복짠지
언급 없음 : 콩짠지, 배추짠지

소금에 절였다가 간장에 담그는 방식은 전통적인 장아찌 방식이다(피클처럼 만드는 요즘 장아찌와는 다르다). 여기서 1921년 발간된 〈조선요리제법〉 3판을 보자. 김치와 짠지, 장짠지, 장아찌를 모두 '침채(김치) 만드는 법' 장에 포함시켰다. 반면 1924년 발간된 〈조선무쌍신식요리제법〉에서는 김치와 장아찌를 구분했다. 이것으로 보아 1920년대 초까지, 김치와 장아찌를 같은 침채류로 보는 시각이 여전히 존재했다. 그래서인지 〈반찬등속〉 역시 이 두 가지를 구분하지 않았고, 당시의 편의에 따라 김치 혹은 짠지를 혼용해서 썼던 것 같다.

## 〈반찬등속〉 짠지는 일상적인 김치였다

다시 〈반찬등속〉의 짠지로 돌아가자. 이전의 고조리서에는 정확히 '짠지'라는 음식은 등장하지 않는다. 〈규합총서〉와 〈시의전서〉에 장짠지가 나오는데, 이 음식은 ①재료를 삶아서 ②간장에 절이고 ③양념과 해물을 넣고 ④간장을 달여 붓고 ⑤젓갈은 넣지 않는다. 그러나 앞에서 인용한 〈반찬등속〉 이후의 조리서 2종에는 정확히 '짠지'가 나온다. 두 책에 나온 짠지는 짜게 절여 저장했다가 이듬해에 먹는 무다. 지금 검색창에 '짠지' 또는 '무짠지'로 검색했을 때 나오는 짠지와 유사하다. 모두 〈반찬등속〉의 짠지와 달라 보인다.

위 책들에서 〈반찬등속〉의 짠지와 유사한 것을 찾는다면 〈규합총서〉와 〈시의전서〉, 〈조선무쌍신식요리제법〉의 섞박지와 〈조선요리제법〉의 젓국지다〈표 1〉. 이들은 ①배추와 무, 기타 채소를 ②썰어서 ③양념과 해물, 젓국을 넣어 ④국물 있게 담그는 김치다. 세 가지는 재료나 제법이 거의 같다.

그렇다면 섞박지는 당시 어떤 성격의 김치였을까.

박채린은 〈통김치, 탄생의 역사〉에서 1924년 신문에 실린 궁궐과 정신여학교 기숙사의 김장 기사를 비교 분석한 표를 실었다. 두 곳 모두 통김치, 섞박지, 깍두기, 동치미, 짠지 등 다양한 종류의 김장을 했다. 기숙사의 경우 가장 많이 담근 김장김치는 섞박지로 49항아리를, 가장 적게 담근 김치는 통김치로 1항아리를 담근다. 궁궐의 경우 통김치와 섞박지의 양은 48항아리, 49항아리로 비슷하다. 백분율로 보면 섞

## 〈표 1〉 고조리서 섞박지와 젓국지, 짠지 비교

| 문헌 이름 | 이름 | 채소 | 해물 | 양념 | 제법 |
|---|---|---|---|---|---|
| 규합총서 | 섞박지 | 무, 갓, 배추, 오이, 가지, 동아, 고추붙이 | 조기젓, 준치젓, 굴젓, 밴댕이젓, 소라, 낙지, 전복 | 청각, 마늘, 고추 | 절인 무와 갓, 배추를 썰어 넣고 가지, 오이, 동아, 고추붙이를 넣는다. 젓갈과 양념과 해물을 넣고 국물을 붓는다. |
| 조선요리제법 | 젓국지(섞박지) | 배추, 무, 미나리, 오이(오이지) | 조기젓국 | 고추, 마늘, 파, 갓, 청각 | 배추와 무는 썰고 오이는 잘게 썰어서 섞어 소금에 절여 독에 담고 물을 붓고 조기젓국으로 간하고 양념을 넣는다. |
| | 짠지 | 무 | | 고추, 파, 마늘 | 무를 담고 켜마다 소금을 많이 뿌리고 고추와 파, 마늘을 굵게 썰어 넣는다. 맨 위에도 소금과 고명을 뿌린다. |
| 조선무쌍신식 요리제법 | 섞박지(젓국지) | 배추, 무, 오이(오이지), 미나리, 갓 | 전복, 소라, 낙지, 조기젓, 준치젓, 밴댕이젓, 굴젓 | 청각, 파, 마늘, 고추, 생강 | 배추와 무, 갓을 절여 썰어 물을 빼어 넣고 양념 뿌리고 해물 다듬어 넣고 미나리, 갓과 무채 넣고 위를 우거지로 덮는다. 조기젓국과 굴젓국을 물에 타서 가득 붓는다. |
| | 짠지 | 무 | 생선 대가리 | 고추, 파, 마늘 | 무를 담고 소금을 뿌리고 고추를 어슷썰고 파, 마늘을 썰어 뿌리고 맨 위에도 소금과 고명을 뿌린다. 생선 대가리를 끓여 넣거나 고추 대가리와 씨를 넣어도 좋다. |
| 반찬등속 | 짠지 | 무, 배추, 무청 | 조기 | 생강, 마늘, 해말(청각), 고추 | 소금물에 무와 배추, 무청을 썰어 넣는다. 생강과 마늘, 해말을 넣고 고추채와 굵게 찢은 조기를 넣는다. |
| | 배추짠지 | 배추 | 조기, 문어, 전복 | 고추, 생강 | 조기와 문어, 전복을 저민다. 배추 고갱이에 생강과 고추를 채 쳐 넣고, 조기, 문어, 전복을 한데 넣는다. |

## ⟨표 2⟩ 1924년 여학교 vs 궁궐 김장김치 비교

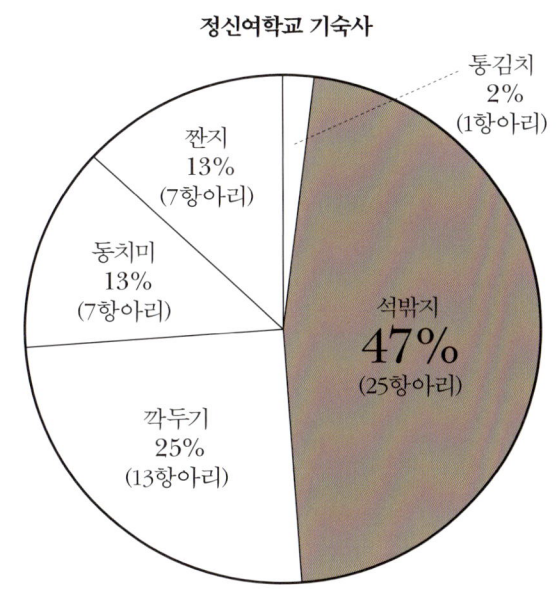

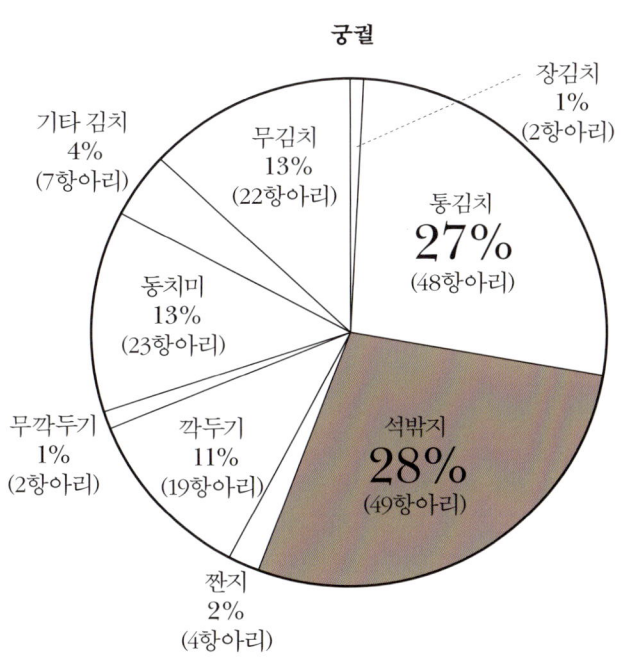

박채린 ⟨통김치, 탄생의 역사⟩ p28의 표 재구성

박지는 궁궐의 김장 중 28%를 차지한다. 기숙사의 경우 25항아리로, 전체 김장의 47%가 섞박지다⟨표 2⟩. 1920년대에도 배추는 여전히 고가였기 때문에 무와 배추를 함께 담글 수밖에 없었다. 그래서 지금과 달리 섞박지가 일상적인 상용 김치였던 것이다.

그렇다면 비슷한 재료와 제법으로 담근 ⟨반찬등속⟩의 짠지를 당시 청주의 상용 김치로 볼 수 있지 않을까. 전통적인 김치 재료였던 흔한 무와 새로 부상한 비싼 배추를 섞어 해물로 맛을 낸 이 김치를 다른 지방에서는 섞박지라고 했다면 충북 청주의 강씨 집안에서는 짠지라고 명명한 것이다.

실제 70, 80년대까지만 해도 충북 어른들은 김치를 짠지라고 불렀다. 필자의 할머니(1901년생)이자 ⟨반찬등속⟩의 저자 밀양 손씨의 손주며느리는 평생 짠지라는 단어를 썼다. 어머니(1934년생)도 1959년 서울로 올라오기 전에는 짠지라고 했다. "서울에 올라왔는데 여기 사람들은 짠지를 김치라고 하대. 다음부터는 나도 그렇게 불렀지."

그래서 김치라는 이름이 붙은 7종에 더해, 짠지라고 이름이 붙은 10종 중 2종, 그러니까 간장이 전혀 들어가지 않은 짠지와 배추짠지는 김치로 분류하였다. 나머지 짠지라는 이름이 붙은 음식 중 간장이 들어간 것은 장아찌로 분류했다.⟨표 3⟩

⟨반찬등속⟩의 조리서 부분은 두 장으로 나누어져 있고, 사이에 문자집이 있다. 둘로 나눈 기준은 알지 못한다. 확실히 알 수 있는 한 가지는 어쨌든 쓴 시점이 다르다는 점이다. 즉 시간 차가 존재한다. 앞쪽에는 김치 2종과 짠지 8종, 뒤쪽에는 김치 8종과 짠지 1종이 실려 있다. 짠지는 앞장에, 김치는 뒤장에 더 많이 실려 있다. 둘 중 하나 아닐까. 짠지가 더 중요했든가 아니면 김치류를 나중에 담그기 시작했든가.

⟨반찬등속⟩ 김치의 특징을 살펴보기 전에 먼저 당시 사회적 상황을 짧게 훑어보자. 음식이라고 시대의 격랑을 피해갈 수는 없는 법이니까. 1876년 강화도 조약을 시작으로

일제는 철도권 등 각종 이권을 본격적으로 찬탈하기 시작했다. 1905년 외교권을 박탈하고 1910년 강제 합병한다. 이어 토지조사사업을 실시해 침략을 완성한다. 이것이 〈반찬등속〉의 정치경제적 배경이다.

한동안 국립중앙 도서관에 출근하다시피 매일 가서 조선말에서 개화기, 일제 강점기 초기까지의 여러 신문과 잡지를 통독한 적이 있다. 그중 연도별 신문 헤드라인만 모아놓은 자료가 있었다. 읽다 보면 정말 열불나는데, 일본이니 러시아, 미국, 영국, 독일 등의 세계 열강 대표들이 하루가 멀다 하고 고종과 순종을 찾아와 이권을 달라거나 정말 사소한 피해에 대한 보상을 요구했다는 기사가 나온다. 거의 매일이었다. 〈반찬등속〉이 쓰인 시기의 조선은 이랬다. 나라가 통째로 용광로 안에 들어가 있었다.

서양 열강과 일본의 침략은 식문화에도 큰 변화를 가져왔다. 선교사, 외교관, 군인, 상인, 드물게는 여행객으로 방문하면서 미국과 유럽, 중국, 일본 등의 음식과 식재료, 조리법이 본격적으로 조선 땅에 전해지기 시작했다. 단지 소개되고 판매되는 데 그치지 않고 우리나라에 일본식 간장과 술, 중국 당면, 통조림을 직접 생산하는 공장들이 설립된다. 이때 제조법 자체가 완전히 다른 일본식 간장이 유행하여 우리 입맛에 영향을 끼친다. 1887년 최초의 일본식 요리옥 정문루를 시작으로 일본식, 조선식, 중국식 요리옥들이 하나둘 오픈하고 서양식 호텔이 등장하면서 본격적인 외식 문화가 시작된다. 1910년 한일병합조약으로 조선 왕조가 멸망하고 궁내부가 해체되어 일자리를 잃은 숙수들이 요리옥에 대거 취업하게 되면서 궁중 요리가 민간에 전해졌다. 1910년과 1916년에 발효된 1, 2차 조세령으로 집안마다 내려오는 가양주의 맥이 끊기게 된다.

이 시기 김치 역사에 거대한 바람을 일으키게 될 몇 가지 일이 발생한다. 바로 종자 개발과 천일염, 기계식 방앗간의 도입이다. 1905년 원예모범장이 설립되어 본격적인 종자 개발이 시작되어 품질 좋은 배추들이 나온다. 1907년 처음 실험 된 대만식 염전은 2년 후부터 본격적으로 서해안에 축조된다. 염전식 천일염 시대가 열린 것이다. 같은 해 서울에 생긴 기계식 방앗간은 1930년대에 이르면 전국적으로 보급된다. 이 세 가지 기술 혁신은 김치의 진화에 엄청난 영향을 끼친다.

### 현대의 김치와 가장 유사하다

〈반찬등속〉에 실린 청주 김치, 더 나아가 1910년 전후 우리나라 김치는 어떤 특성을 가졌을까. 무엇보다 〈반찬등속〉의 김치는 어떤 필사본 고조리서보다도 현재의 김치와 유사하다. 오이김치 2종과 깍두기 2종, 무김치는 요즘 김치 레시피라 해도 무방하다. 완성된 모양뿐만 아니라 제법도 그렇다. 짠지와 배추짠지도 실고추를 고춧가루로 바꾸기만 하면 요즘 김치와 크게 다르지 않다. 다만 여전히 고추김치2처럼 채소 저장이라는 당초의 목적에 충실한 종류도 있다.

둘째, 〈반찬등속〉 김치의 절반은 버무려 담그고 절반은 물에 넣어 만든다. '딤채'나 '침채'라는 옛이름에서 알 수 있듯 김치는 소금물(혹은 물)에 채소를 담가 발효시켜 저장해 먹는 음식이었다. 〈음식디미방〉과 〈규합총서〉의 김치들은 처음부터 소금물에 넣거나 나중에 물을 붓는다. 〈반찬등속〉의 김치는 다르다. 소금물에 넣는 것은 무김치와 깍독이, 오이김치, 짠지 4종이며, 다른 다섯 종류의 김치는 소금물에 양념을 만들어 버무리거나 별도의 언급이 없다. 〈반찬등속〉의 김치들은 물김치에서 건더기를 먹는 김치로 발전하는 도상에 있다.

셋째, 〈반찬등속〉의 김치에는 어떤 형태로든 고추가 꼭 들어간다. 무김치와 고추김치1에는 풋고추가 주재료나 부재료로 쓰였고, 고추김치1과 고추김치2에는 고춧잎이 들어간다. 이들 김치에 들어간 고추는 채소로 이용된 것이다. 양념

### ⟨표 3⟩ ⟨반찬등속⟩의 김치와 짠지

| 구분 | 이름 | 절임/간 | 주재료 | 해물/육류 | 양념 | 고추 양념 사용 | 현대적 분류 |
|---|---|---|---|---|---|---|---|
| 전반부 | 무김치 | 소금 | 무, 풋고추 | 조기 | | x | 김치 |
| | 깍독이 | 소금 | 무 | 조기 | 마늘, 생강 | 0 | 김치 |
| | 짠지 | 소금 | 무, 배추, 무청 | 조기 | 생강, 마늘, 해말 | 0 | 김치 |
| | 무짠지 | 소금, 간장 | 무 | | 꿀 | x | 장아찌 |
| | 고춧잎짠지 | 소금 | 고춧잎 | 소고기 | 생강, 깨소금 | x | 장아찌 |
| | 마늘짠지 | 간장 | 마늘 | 홍합 | | x | 장아찌 |
| | 북어짠지 | 소금, 간장 | 북어 | | 꿀, 참파, 깨소금 | x | 장아찌 |
| | 파짠지 | 소금, 간장 | 파 | 문어 | | x | 장아찌 |
| | 박짠지 | 간장 | 박 | | | x | 장아찌 |
| | 전복짠지 | 간장 | 전복 | | 깨소금, 생강 | x | 장아찌 |
| | 콩짠지 | 언급 없음 | 콩 | 북어대가리 | | x | 장아찌 |
| 후반부 | 고추김치 1 | 소금 | 고추, 고춧잎, 무 | 조기 | 파, 생강 | x | 김치 |
| | 오이김치 | 소금 | 오이 | 조기 | 마늘 | 0 | 김치 |
| | 고추김치 2 | 소금 | 고춧잎, 무 | | | x | 김치 |
| | 갓데기 | 소금 | 무 | 새우젓물, 조기 | | 0 | 김치 |
| | 외이김치 | 소금 | 오이 | | 갖은 양념, 초 | 언급 없음 | 김치 |
| | 배추짠지 | 언급 없음 | 배추 | 조기, 문어, 전복 | 생강 | 0 | 김치 |

으로 들어간 것은 9종 중 6종인데, 고추를 난도하거나 부수거나 실고추로 만들거나 채를 썰어 넣는다. 단어의 의미로 보아 홍고추는 생으로도 쓰고 말려서도 사용했던 것으로 보인다. 드디어 〈반찬등속〉 당시의 김치는 전반적으로 붉은색을 띠기 시작했다.

넷째가 처음 〈반찬등속〉을 접한 사람들이 놀라는 지점으로, 조기의 두드러진 활용이다. 이전의 고조리서에도 해물이 쓰인 김치는 많이 나온다. 해물의 활용은 다른 나라의 채소 절임과 우리나라 김치의 결정적인 차이를 만들었다. 해물의 단백질이 숙성 과정에서 유리 아미노산과 핵산으로 분해되어 특유의 감칠맛을 만든다. 이 책의 김치 9종 중 7가지에 조기가 들어간다. 심지어 무색투명한 무김치(동치미)조차 조기를 난도하여 많이 넣어라 지시한다. 해물이 가장 많이 들어가는 것은 배추짠지다. 문어와 전복까지 넣는다. 이 지점에서 짚고 넘어갈 것이 있다. 청주는 우리나라에서 유일하게 바다를 접하지 않은 충청북도에 있다는 것이다. 어떻게 내륙 도시의 작은 마을에서 조기를 이렇게 흔하게 사용할 수 있었을까. 1910년 전후에 말이다. 그건 당시 수산물 유통 체계가 내륙지방인 청주까지 작동하고 있었다는 의미다. 이 부분은 뒤의 '조기로드'에서 따로 이야기하겠다.

다섯째, 1910년 전후 청주 강씨 집안 김치의 주인공은 무였다. 6종 김치의 주재료가 무다. 반면 배추는 2종에만 들어갔다. 초기 김치의 주재료는 한반도에서 자생하는 순무, 오이, 갓, 가지였다. 오랫동안 무는 김치의 중심 재료였다. 우리나라 전역 어디나 잘 자라 쉽게 구할 수 있고 저장성도 좋기 때문이다. 앞의 〈표2〉를 다시 보자. 이 현상은 〈반찬등속〉 이후에도 계속된다. 1920년대 궁궐과 정신여학교 기숙사, 양쪽 모두 무가 주재료인 김치를 훨씬 많이 담갔다. 무로만 담근 김치는 깍두기, 무깍두기, 동치미, 짠지(여기 짠지는 〈반찬등속〉 짠지가 아니라 무를 소금에 짜게 절인 짠지다), 무김치까지 해서 5종이며 무와 배추가 같이 들어간 섞박지와 장김치 2종, 배추로만 담근 통김치와 보쌈김치 2종이다.

여섯째, 1910년 전후 청주 지역의 김치는 '절임 - 담금'이라는 2단계가 아직 완성되지 않았다. 무김치와 깍둑이 두 가지에만 절이는 단계를 명확히 밝히고 있다. 다른 김치는 언급되지 않거나 바로 소금이나 소금물에 김치를 담근다. 그런데 8년 후 발간된 방신영의 〈조선요리제법〉 3판에 나오는 김치는 대부분 '절임 - 담금' 2단계를 거쳐 만든다. 〈반찬등속〉은 절임이 완전히 확립되기 전 단계로 보인다.

마지막으로 찹쌀풀이나 밀가루풀 같은 발효 보조 재료가 전혀 쓰이지 않았다. 이전 〈규합총서〉에서 이미 쌀뜨물을 김치에 넣어 담그기 시작했음에도 말이다. 충청도, 중부지방이라는 지방적 특성인지 알 수 없다. 다만 일반적으로 김치에 풀을 쓰기 시작한 건 1930년대 이후라고 한다.

## 배추김치와 깍두기가 문헌에 처음 등장하다

〈반찬등속〉이 갖는 김치사적 의의는 무엇일까. 우리는 진화의 결과를 알고 있다. 지금의 김치들을 보면 되니까.

첫째, 드디어 배추로만 담근 김치가 등장한다. 바로 배추짠지다. 〈시의전서〉에도 배추가 주재료인 김치, 숭침채가 등장한다. 그런데 배추와 배추 사이에 무와 오이지를 켜켜이 넣어 담근다. 배추만 단독으로 쓰지 않았다.

〈반찬등속〉은 "배추짠지는 좋은 것을 하되 실고추를 썰어서 하고 조기와 문어와 전복을 저미어 배추 고갱이에 넣되 생강과 고추와 조기, 문어, 전복을 한데 넣어라"고 설명한다.

여기에서 주목할 것은 두 단어다. '좋은'과 '고갱이'다. 배추 고갱이는 '배추 속의 한가운데에서 올라오는 심'이다. 이 말로 밀양 손씨가 말하는 좋은 배추가 어떤 것인지 알 수 있다. 고갱이는 결구 배추에만 있다. 논문 '우리나라 채소의 역사적 고찰'에 의하면 1906년 무렵, 우리나라 특유의 개성배추가 등장했다. 가을배추로 한국 전역에서 재배되었으며 잎이 매우 크고 단맛이 도는 반결구종인데 중국이나 일본의 배추보다 우수했다. 〈100년 전 충북의 옛모습〉에는 1909년 백채(白菜)와 숭채(菘菜)의 가격이 각각 기록되어 있다. 청주의 경우 두 배추의 가격이 8배나 차이 난다. 숭채 1메(메의 분량은 정확히 알 수 없다)는 0.025엔, 백채 1메는 0.200엔이다. 숭채를 토종 배추, 백채를 개량 배추로 볼 수 있지 않을까. 숭채는 푸른 잎 부분이 더 많고 백채는 흰 줄기 부분이 더 많은 종이었으니 말이다. 어쨌든 당시에 가격차가 있는 두 종류의 배추가 유통되었다는 것은 확실한 사실이다.

개성배추, 조선배추 같은 반결구 배추의 등장은 우리나라 김치 신에 많은 변화를 가져오는데, 일단 제법의 변화다. 비결구 배추는 잎이 얇고 잘 벌어지니 통으로 썰어 양념하거나 아예 통째로 양념해 김치를 담갔다. 그러나 잎이 두껍고 결구되어 결속력이 강한 배추를 같은 식으로 담그면 제대로 맛이 들지 않는다. 결국 배춧잎을 한 장씩 벌려가며 잎에 양념을 바르는 식으로 제법이 바뀌게 된다. 양념이 잘 배고 한 장씩 벌릴 때 부스러지지 않게 하려다 보니 소금에 절이는 단계는 이제 필수가 되었다. 특별히 비싸고 좋은 배추를 샀으니 제법도 더 정성스럽게, 넣는 부재료도 더 좋은 것들로만. 귀하고 공까지 들여야 하는 맛있는 배추김치는 비로소 김치의 중심에 우뚝 서게 된다.

둘째, 〈반찬등속〉에는 어떤 고조리서에도 등장하지 않는 처음 보는 독자적인 김치가 나온다. 이전 고조리서들에 반복해 등장하는 섞박지, 동아섞박지, 동가침채, 용인오이지, 장김치, 생치김치 같은 김치는 전혀 실리지 않았다. 대신 깍두기 2종, 외이김치, 배추짠지 같은 새로운 김치들이 등장한다. 이솔 등이 쓴 '반찬등속에 기록된 김치의 식문화적 고찰'은 〈반찬등속〉에 깍두기 조리법이 처음 등장했다고 말한다. 외이김치는 또 어떤가. 오이 소박이에 초로 양념한 열무를 넣어 담그는 완전히 새로운 김치다.

마지막은 김치사 외적인 의의다. 〈반찬등속〉은 마지막 필사본 조리서이다(2년 후 나온 〈부인필지〉는 〈규합총서〉를 필사했다는 점에서 고려하지 않았다). 〈반찬등속〉과 4년 후 출간된 방신영의 〈조선요리제법〉 사이에는 산업혁명과 같은 엄청난 변화가 있다. 〈반찬등속〉을 마지막으로 필사본 시대는 막을 내린다. 이로써 조리와 관련된 교육은 담장을 넘어 사회로 나가게 된다. 필사본 조리서 대부분은 한 집안 내에서, 이미 알고 있는 사람들에게, 이미 알거나 먹어본 조리법을 후손에 전수하기 위해 기록한 아주 사적인 책이다. 〈반찬등속〉도 마찬가지다. 그러나 〈조선요리제법〉은 다르다. 대량 인쇄되어 불특정 다수에게 전달된다. 이제 〈반찬등속〉을 마침표로, 가사 교육의 주체는 집안의 어른에서 학교와 사회라는 공적 기관과 교과서나 책, 잡지, 신문 같은 매스미디어에 넘어가게 된다. 더불어 집안 고유의 맛과 제법들은 점차 교과서와 매스미디어에 의해 통일되게 된다.

### 여담, 나박김치에 대한 생각

이런저런 책들을 읽으면서 나박김치에 대해 생각하게 되었다. 고조리서에서 나박김치는 일종의 유령 같았다. 존재하나 실체를 밝히지 않는, 볼드모트 같은 존재. 〈음식디미방〉은 생치김치에 대해 설명하면서 '나박김치처럼 익힌다'고 설명한다. 그러나 나박김치에 대해 설명하지 않는다. 〈규합총서〉도 마찬가지다. 산갓김치를 설명하면서 나박김치와 섞어 먹으라 설명한다. 다만 이 책은 조금 친절한데 나박김치의 재료가 열거되어 있다. '무, 미나리, 오이, 순무, 움파로 나박김치를 만들어'라 했다. 〈반찬등속〉에서도 마찬가지다. 문자집에서는 나박엄채(나박김치)가 나오지만 앞의 제법에는 설명하지 않았다. 결국 나박김치는 〈음식디미방〉이 만들어진 19세기 경상도에서 반찬등속이 만들어진 20세기 초 충청도까지, 설명할 필요조차 느끼지 않을 정도로 누구나 아는 가장 일상적인 김치였던 것이 아닐까.

# 역사 따라, 김치는 진화한다

고조리서와 고문헌으로 살펴본 김치 발달사

| | | 12세기 | 13세기 | 14세기 | 15세기 | 17세기 | | | 18세기 |
|---|---|---|---|---|---|---|---|---|---|
| | | 고려 시대 | | | 조선 시대 | | | | |
| 고조리서 / 고문헌 | 책이름 | 동국이상국집 | 향약구급방 | 목은문고, 목은시고 | 훈몽자회 | 최씨음식법 | 도문대작 | 음식디미방 | 증보산림경제 |
| | 저자 | 이규보 | (미상) | 이색 | 최세진 | 해주 최씨 | 허균 | 장계향 | 유중림 |
| | 연도 | 1168~1241 | (1240년 경) | 1328~1396 | 1473~1542 | 1591~1660 | 1569~1618 | 1598~1680 | 1705~1771 |
| 언급된 김치 종류 | | | | | | 5종 | 2종 | 7종 | 9종 |
| 최초로 등장한 용어 | | 지염 | | 침채 | 저, 딤채 | | | 지히 | |
| 김치 종류 | | 순무 절임 | | | | 무 장김치, 가지김치, 오이김치, 파김치, 토란김치 | 산갓김치, 죽순김치 | 꿩김치, 꿩짠지, 꿩잣짠지, 산갓김치, 동아담그는법, 마늘담그는법, 고사리담그는법 | 가지김치, 황과산, 황과함저, 황과담저, 용인황과담저, 황과개체, 순무김치, 무동치미, 침나복황하저 |
| 처음 등장한 김치 재료 | 주재료 | 순무 | 배추, 무 | | | 가지, 오이, 파, 토란 | 갓, 죽순 | 생치(꿩), 고사리, 동아, 마늘 | 애호박, 호박잎 |
| | 부재료, 양념 | 소금, 간장 | | | | 맨드라미, 흰깨, 할미꽃, 분디 (산초) | | 후추, 천초, 마늘, 간장기름 | 고추, 마늘, 파, 부추, 식초, 겨자 |
| 최초 등장한 김치 제법 | | 소금 절임, 간장 절임 | | | | 소박이 방식 | | | 김치독을 땅에 묻기 |
| | | | | | | 부재료로 김치에 붉은색 내기 | | | |
| 김치의 진화 단계 | | 장아찌형 절임 김치 | | 침채형 (국물형) 김치 등장 | | 소박이 방식의 김치 등장 | 지역별 특산 김치의 등장 | 나박김치 형식의 김치 등장 | 오이가 가장 흔한 김치 재료 |

| 19세기 | | | | 20세기 | | |
|---|---|---|---|---|---|---|
| | | | | 일제시대 | | |
| 규합총서 | 임원경제지 | 농가월령가 | 시의전서 | 반찬등속 | 조선요리제법 | 조선무쌍신식요리 |
| 빙허각이씨 | 서유구 | 정학유 | 비안마마, 죽동마마 | 밀양 손씨 | 방신영 | 이용기 |
| 1759~1824 | 1764~1845 | 1786~1855 | (1890년대 집필) | 1913 | 1917 | (1924년 간행) |
| 9종 | 11종 | | 13종 | 9종 | 17종(2판 기준) | 31종 |
| | 엄채, 저채, 제채 | 김치 움막 | 고춧가루 | 고갱이, 깍두기 | 고명 | 무채, 밀가루풀 |
| 섞박지, 어육김치, 동아섞박지, 동치미, 가지 김치, 동지, 용인오이지, 갓김치, 장짠지, 전복김치 | 나복함저법, 나복담저법, 나복황아저방, 해저법, 무염제법, 숭저방, 황과담저법, 용인오이지, 겨울가지김치, 여름가지김치 | | 어육김치, 동치미, 섞박지, 동아섞박지, 산갓김치, 배추통김치, 장김치법, 오이소박이, 가지소박이, 박소박이, 열젓국지, 젓무, 굴김치 | 무김치, 짠지, 깍독이, 갓데기, 배추짠지, 고추김치 2종, 오이김치, 외이김치 | 나박김치, 동치미, 동치미별법, 배추김치, 섞박지, 외김치, 오이지, 용인오이지, 오이소박이, 오이냉국, 장김치, 젓국지, 김통지, 전복김치, 닭김치, 깍둑이 | 통김치, 동김치, 지럼김치, 얼가리 김치, 열무김치, 젓국지, 섞박지, 풋김치, 나박김치, 장김치, 갓김치, 굴김치, 닭김치, 동아김치, 박김치, 산겨자김치 등 |
| 전복, 조개 | | | 배추속대 | 고춧잎, 잔무 | 닭, 멸치젓 | 얼갈이, 돌나물 |
| 각종 젓갈, 어육국물, 소라, 낙지, 청각, 호박, 미나리, 송이, 유자, 고추붙이 | 적로근, 녹각채 | | 열무, 승검초 | 문어 | | 밀가루풀, 보리 씻은 물, 저육 |
| 젓국, 어육국물, 해물 등 사용 | 고추의 적극적 사용 권장 | 김치 저장을 위한 움막 | 고추를 곱게 찧어서 가루로 사용 | 고갱이에 양념 넣기 | 소금 절임의 일반화 | 밀가루풀과 보리 씻은 물 사용, 소금에 절인 후 헹구기 |
| 쌀뜨물 사용, 소금에 절이기 | | | | 김치에 초 사용 | 간김치(배추김치 독에 담을때 켜 사이에 비늘무 김치) | 김장 전에 먹는 지럼 김치, 김치 소로 무채 언급 |
| 고추가 양념으로 쓰이기 시작 | 김치, 반찬의 중심에 위치 | 김장 문화 확립 | 고추를 가루 형태로 만들어 사용, 빨간색 김치 등장 | 결구형 배추, 깍두기 등장 | 절임과 양념 2단계 확립 | 배추김치가 김치의 중심, 현대적인 김치 제법 완성 |

# 외이김치의 갖은 양념은 무엇이었을까

간혹 재료나 조리법 설명을 보다가 '갖은 양념'이라는 설명을 마주치곤 한다. 이런 경우 어떤 양념을 넣을 것인가. 그 답은 시대나 지리적 위치, 요리 종류에 따라 달라진다. 〈반찬등속〉에서도 같은 질문을 만나게 된다. 바로 외이김치인데 '갖은 양념'을 넣으라고 적혀 있다. 도대체 이 갖은 양념은 무엇이었을까. 〈반찬등속〉의 다른 김치에 들어간 양념을 분석해 알아냈다.

**외이김치를 제외한, 김치 8종의 양념들**

| | |
|---|---|
| 무김치 | 소금 |
| 깍둑이 | 소금, 고추, 마늘, 생강 |
| 짠지 | 소금, 고추, 마늘, 생강, 해말 |
| 고추김치 1 | 소금, 생강, 파 |
| 오이김치 | 소금, 고추, 마늘 |
| 고추김치 2 | 소금 |
| 갓데기 | 새우젓물, 고추 |
| 배추짠지 | 고추, 생강 |

051

## 소금 8회

8종 김치에 언급된다. 언급되지 않은 2종의 김치 중 갓데기는 소금 대신 새우젓물로 간을 했고, 배추짠지는 실수로 누락한 것으로 보인다.

채소를 소금으로 절이면 채소의 섬유질이 연해지면서 씹는 맛이 좋아지고 숙성 과정에서 맛의 순환이 잘 된다. 정선영 씨의 '1910년대 청주 지역의 음식: 반찬등속을 중심으로'의 논문에 따르면 당시 청주 지역에 유통된 소금 중 70%는 충남 태안에서 왔고, 나머지는 나주, 남양, 서산 등 다른 충청도와 전라도 지방에서 왔을 것이라 추정한다. 이 소금은 금강을 따라 강경 객주를 거쳐 부강 나루로 유입되었다. 〈100년 전 충북의 옛모습〉에는 1907년 강경에 소금이 4,659석이 들어와 주로 조치원과 부강으로 나갔다고 기록되어 있다. 가격은 1석당 60엔. 부강에서 청주까지는 전문 염상들의 다리 힘과 넓은 등을 빌려 운반되었다. 〈한국충청북도일반〉에 따르면 충북 지역 전체로 1909년 한 해 16만1314엔어치의 소금이 유입되었다.

당시 소금은 바닷물을 끓여 만든 전통 방식의 자염이었을까, 아니면 1907년 시험 제조되기 시작한 대만식 천일염이었을까. 시기적으로 밀양 손씨가 사용하던 소금은 바닷물을 끓여 만드는 자염이었을 것이다. 1909년에 천일염전이 보급되기 시작하니, 천일염을 쓰기엔 너무 이르다. 이 시기에 일본과 중국에서 저렴한 소금이 수입되기 시작했다고 한다.

## 고추 5회

소금 다음으로 많이 언급되는 양념은 고추다. 깍독이, 오이김치, 갓데기, 짠지, 배추짠지 등 5종의 김치에 들어갔다. 고추가 양념으로 쓰이지 않는 무김치와 고추김치1에는 풋고추가, 고추김치2에는 고춧잎이 들어간다. 이 정도로 〈반찬등속〉이 쓰인 1910년 전후의 청주에서는 채소로도, 양념으로도 고추가 일상화되었음을 알 수 있다. 원래 고추는 하층민이 먹는 채소로 시작해서 이후 상류층까지 쓰는 양념으로 발전했다고 한다.

〈100년 전 충북의 옛모습〉의 1909년 물가표에는 고추가 당신(唐辛)'이라는 옛 명칭으로 표기되었는데, 1메에 0.020엔이었다. 이 단위와 가격이 어느 정도였는지 알 수 없지만 분명한 것은 시세가 형성될 정도로 장에서 거래되었다는 점이다. 김치에 고추가 들어가면 소금의 사용량을 줄일 수 있어 경제적이고 살균 효과가 있어 저장성도 좋아진다. 또 젓갈과 해물의 비린내를 억제하는 효과도 있다.

### 생강 4회

깍독이와 고추김치, 짠지, 배추짠지 4종에 들어간다. 요즘에 비해 김치에 마늘보다 생강이 더 많이 사용되는 점이 특이하다. 김치에 조기가 많이 들어가는 것과 관계가 있을까. 심지어 〈반찬등속〉에는 간장에 저장하는 전복짠지와 고추짠지에도 마늘은 들어가지 않았지만 생강은 들어간다. 생강은 주로 채 썰어 사용했다. 생강이 언제부터 우리나라에서 재배되었는지 알 수 없으나 고려시대 의학서인 〈향약구급방〉에 약용 식물로 기록된 것을 보건대 일찍부터 재배된 듯하다. 예부터 전통 음료나 한과를 만드는 데 다양하게 썼는데, 〈반찬등속〉에 소개된 한과와 음료에는 사용되지 않았다.

### 마늘 3회

19세기에 쓰인 〈규합총서〉의 김치에 마늘, 생강, 파가 들어갔고, 1924년 이용기의 〈조선무쌍신식요리제법〉에는 '김치는 파, 마늘, 생강, 이 세 가지 양념 맛으로 먹는다'고 설명했다. 오래전부터 이미 이 세 가지는 김치의 기본 양념이었다. 그런데 〈반찬등속〉의 모든 김치에 이 세 양념이 다 들어가는 것은 아니다. 현재와 비교했을 때 마늘과 파의 사용이 상대적으로 적다. 마늘은 깍독이와 오이김치, 짠지에 걸쳐 3회 등장한다. 〈반찬등속〉에 등장하는 마늘은 2회는 '고추와 함께 난도하여', 1회는 '잘게 채 쳐서' 쓰인다. 다만 간장에 담그는 마늘짠지가 있는 것으로 봐서 마늘 자체는 보기 드문 채소는 아니었던 것 같다.

### 파 1회

파는 김치에 딱 1회 등장한다. 고추김치에 쓰는데 '많이 쓰라' 했다. 고추김치 외에 간장에 담그는 파짠지에 파가 다시 등장하는데, 이때 쓰는 것은 참파(쪽파)다.

〈한국원예사〉에 의하면 파는 통일신라시대부터 재배되어 고려시대에 가서 일상화되었다. 고려시대 이규보의 〈동국이상국집〉에 술안주로 먹는다는 기록이 있고, 〈향약구급방〉에도 약재로 등장한다. 쪽파 역시 6세기 전에 전파되었을 것이라 한다. 파와 쪽파 모두 키우기 쉬워 옛날에는 집마다 재배했다. 특히 몇십 년 전까지만 해도 겨울이면 부엌 한구석에서 겨우내 키우며 잎만 떼어 사용했다. 당시 사용했던 파는 지금과 다른 재래종 잎파로, 잎의 푸른 부분은 채소처럼 먹었다. 우리 어머니는 아주 어린 시절 파를 소금이나 간장에 저장해두었다가 겨울에 꺼내 자작하게 물을 부어 지져 먹었다고 기억한다. 한일병합 이후 일본 품종이 도입되어 재래종은 사라졌다가 근래 다시 복원되어 일부 농가에서 재배되고 있다.

### 새우젓물 1회

〈반찬등속〉의 갓데기에 딱 1회 새우젓물이 등장한다. 강지영의 〈식탁 위의 조연 같은 주인공, 젓갈〉에 따르면 20세기 초에 서울을 중심으로 새우젓의 일종인 감동젓을 넣은 납작한 골패 모양의 깍두기가 유행했다 한다. 방신영의 〈조선요리제법〉에서도 깍두기는 소금 대신 새우젓국으로 간을 맞춘다.

1820년경 편찬된 서유구의 〈난호어목지〉에 '새우를 소금에 담가서 젓을 만들어 팔역에 흘러넘치게 하는 것은 모두 서해의 당하이며 속칭 세하라 한다'라는 구절이 나온다. 그 정도로 새우젓은 이미 한반도 전역에서 사용되었다. 〈한국민속종합조사보고서〉의 지역별 김치류와 김치젓갈 표에 의하면 경기와 전라도, 충청도 지역에서 주로 새우젓을 사용했다. 깔끔하면서도 달콤하고 구수한 맛이 난다.

새우젓은 담그는 시기와 새우의 종류에 따라 오젓, 육젓, 추젓, 동백하젓이 있고 민물새우로 담그는 토하젓, 곤쟁이젓 등이 있다. 새우의 내장에는 강력한 소화효소가 들어 있어 빠르게 자신의 살을 분해한다. 소화력이 뛰어나 돼지고기를 먹을 때 함께 먹는다. 돼지고기 단백질을 소화하는 데 필요한 프로테아제와 돼지고기의 지방을 분해하는 데 필요한 리파아제가 다량으로 함유되어 있기 때문이다. 김치에 넣을 때는 손으로 으깨어 넣는 것이 좋다.

## 그렇다면 외이김치의 '갖은 양념'은 무엇이었을까

90% 소금

60% 고추

옆의 재료가
외이김치의 '갖은 양념'일 확률이다.

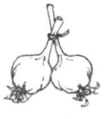
50% 생강

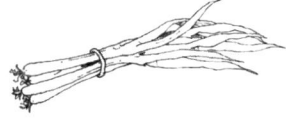
40% 마늘

10% 파

10% 새우젓물

결론적으로 외이김치에 사용될 확률이 50% 넘는 것은 소금, 고추, 생강이다.
그래서 앞에 소개한 외이김치는
이 세 가지를 넣어서 만들었다.

# 〈반찬등속〉이 김치에 고추를 쓰는 법

우리나라에 전래된 이후 고추는 초기에는 채소로 먹다가 점차 양념으로 쓰이게 되었다. 19세기 〈규합총서〉에는 이미 김치 양념으로 썼다. 〈반찬등속〉에 이르면 고추는 훨씬 더 흔하게 쓰인다. 그사이 먹어볼 만큼 먹어보고 쓸 만큼 써봐서인지 가공 방법도 다양하고 활용법도 풍성해져 김치 종류에 따라 고추를 다르게 처리해 넣었다. 생으로 쓰냐 건조해서 쓰냐, 가루로 내어 쓰냐 채 썰어 쓰냐. 이 네 가지 변수에 따라 다양한 맛의 조합이 만들어졌다. 고추를 부수거나 난도하여(다져서) 가루로 만들어 넣은 깍둑이와 갓데기, 오이김치는 현재의 김치와 색이나 모습이 거의 같아 보인다. 물론 〈반찬등속〉 쓰여진 1910년 전후에는 고추를 일일이 손으로 다듬어야만 했기에 사용에 한계가 있었다. 힘센 돌쇠로도 안 된다. 결국 1930년대에 이르러 기계식 방앗간이 이 문제를 해결했다.

지금도 원하는 맛에 따라 같은 고추라도 달리 가공해 쓴다. 시중에서 판매하는 보통 고춧가루는 대부분 중간 굵기다. 그 외에 고추장용의 고운 고춧가루, 매운맛을 특히 즐기는 사람을 위한 청양고춧가루가 있다.

굵은 고춧가루는 김치에 넣으면 시원한 맛을 내면서도 특이하게 단맛이 좋아진다. 알타리무나 파김치를 담글 때 시원한 맛을 내고 싶으면 굵게 빻거나 말린 고추를 불려 믹서에 갈아 쓰면 된다. 굵은 고춧가루로 담그는 김치는 색이 곱지 않은데, 이때는 보통 굵기의 고춧가루나 고운 고춧가루를 섞어 색을 살려준다. 다만 많이 섞으면 텁텁한 맛이 난다. 중간 굵기의 고춧가루는 양념이나 소스, 국물 요리에 두루 쓴다. 고운 가루는 고추장이나 젓갈 만들 때 쓰는데 고추의 깊은 맛과 고운 색을 제대로 낸다. 너무 많이 넣으면 텁텁하고 국물 농도가 진하고 탁해진다. 기름기 있는 음식에 고운 고춧가루를 살짝 뿌리면 맛에 영향을 미치지 않으면서 느끼한 맛을 잡을 수 있다. 여름에는 생고추를 갈아 김치를 담그면 톡 쏘는 시원한 맛과 고운 색을 즐길 수 있다. 실고추는 백김치 외에는 잘 쓰지 않는다.

고추는 임진왜란 때 일본에서 전래됐다는 것이 정설이었지만 최근 이 설을 반박하는 연구와 주장이 나왔다. 〈고추 이야기〉에서는 임진왜란 전에도 고추가 언급된 문헌이 있다는 점, 고추장이 이전에도 존재했다는 사실을 근거로 고추가 임진왜란보다 훨씬 전에 전래되어 재배되고 있었을 것이라 주장한다. 만약 기존의 정설처럼 임진왜란 때 전래되었다면 불과 100년도 채 지나지 않은 시기에 한반도 전역에서 광범위하게 음식 재료로 사용할 수 있었겠냐는 주장이다.

어쨌든 1910년 청주 지방의 김치에는 주재료이든 양념이든 어떤 형태로든 고추가 폭넓게 사용되었으며, 풋고추, 말린 고추, 고춧잎까지 다양하게 김치에 들어갔다.

## 〈반찬등속〉 김치가 붉은 고추의 맛과 색을 즐기는 방법 4

**난도하여**

깍독이, 오이김치에

생홍고추를 칼로 다져 넣었다.

**실고추로 썰어**

배추짠지에

말린 고추를 실처럼 가늘게 채 썰어 썼다.

**부수어**

갓데기에

말린 홍고추를 절구에 찧어 가루로 만들어 넣었다.

**가늘게 썰어**

짠지에

생홍고추를 칼로 가늘게 채 썰어 썼다.

# 100년 후, 2022년 다시 만드는 〈반찬등속〉 김치

**존재하는 모든 것들은 진화한다**

고립되어 변화를 멈추는 순간 생명력을 잃는다. 우리는 그것을 갈라파고스화라고 부른다. 우리 민족의
DNA 안에 지금 모습으로 박제되어 있을 것 같은 김치는, 탄생부터 지금까지 변화를 멈추지 않고
진화해온 결과다. 앞으로도 변화를 멈추지 않을 것이다. 그것이 김치의 생명력이고 강인함이다.
밀양 손씨의 후손들이 〈반찬등속〉의 김치를 다시 담갔다. 변화하고 새롭게 해석되어 오늘날 더욱 굳건한
생명력을 갖게 된 김치 이야기다.

# 막김치 혹은 맛김치

⟨반찬등속⟩ 짠지의 의미와 제법을 살려 다시 만들었다

**"짠지는 무를 반달지게 썰고 배추는 통으로 썬다. 또 무이파리를 썰어서 한데 섞은 후에 소금물을 만들어 붓는다. 거기에 생강을 썰어 넣고 마늘을 잘게 채 쳐서 넣고 해말을 넣고 붉은 고추를 가늘게 썰어 넣는다. 또 조기는 굵게 찢어 넣는다."**

지금 우리가 알고 있는 짠지는 무나 배추를 소금과 고추씨를 넣어 짜게 절여 만들며, 재료에 따라 무짠지, 배추짠지라 부른다. 그러나 〈반찬등속〉에 나오는 짠지와 배추짠지는 이것과 완전히 다르다. 배추와 무에 다양한 양념과 해물을 넣어 담그는 일상적인 김치였다.

〈반찬등속〉이 쓰인 1910년 전후의 청주에서만 김치를 짠지라고 불렀던 것은 아니다. 1901년생인 친할머니는 1998년 돌아가실 때까지 평생 동안 김치를 짠지라고 불렀다. 정확히는 무김치를 무짠지, 배추김치를 배추짠지라 하셨다. 34년생인 우리 어머니도 59년 서울로 이주하기 전까지는 김치를 짠지라 하셨다고 한다. 〈반찬등속〉을 세상에 알린 권선영의 논문 '1910년대 청주 지역의 식문화'에 게재된 인터뷰 자료에 의하면 지금도 청주 상신동의 강씨 집안에서는 몇 가지 김치는 재료 뒤에 짠지라는 말을 붙여 총각짠지, 깻잎짠지, 파짠지라고 부른다.

〈반찬등속〉의 짠지는 소금물에 무와 배추, 무청을 썰어 넣고 고추는 채를 치고 조기는 큼직하게 찢어 넣어 만든다. 이 짠지의 흔적은 우리 집에서 담그는 두 가지 김치에서 찾을 수 있다. 조기를 넣지 않고 국물을 많이 잡아서 고운 고춧가루를 내려 붉은 물을 들이면 나박김치이고, 국물을 별도로 추가하지 않고 고추채 대신 고춧가루를 넣어 담그면 맛김치가 된다. 지금은 배추포기김치가 1년 내내 먹는 김치지만 불과 20~30년 전만 해도 포기김치는 김장 때만 담그는 김치였다. 여름에는 보통 무와 배추를 섞어 맛김치를 담갔다. 맛김치가 우리 집 밥상에 오르면 김장김치가 떨어지고 초여름이 시작됐다는 신호였다. 당시 이름은 맛김치가 아니라 막김치였지만 말이다. 쉽고 빠르게 담근다는 점에서 보면 확실히 막김치다.

## 쉽고 빠르게 담가서 먹는 싱싱한 여름 김치

무엇보다 맛김치는 다른 김치에 비해 담그는 시간과 노력이 절약된다. 썰어 절이니 드는 시간도 포기김치의 절반이면 충분하다. 양념도 한꺼번에 믹서에 갈아 전체적으로 버무리기만 하면 끝난다. 젓갈이나 액젓도 포기김치보다는 적게 넣고 제철의 싱싱한 생고추를 갈아 넣으니 고추의 붉은색이 더 선명하고 곱다. 신선해서 마치 김치가 살아 있는 것 같고 발효할 때 탄산이 더 많이 발생하는 듯, 톡 쏘는 맛까지 있다. 이러니 또 이름이 맛김치일 수밖에 없다.

배추와 무의 비율은 배추 2에 무 1 정도가 적당하다. 무는 무청까지 모두 쓴다. 무는 너무 납작하지 않을 정도로 두툼하게 나박썰기하여 식감을 살렸다. 무를 절이지 않고 바로 담그면 국물이 더 많이 생긴다. 양념은 무조건 생홍고추를 굵게 둑둑 갈아 넣어야 더 맛있다. 고춧가루를 넣고 싶다면 전체 분량의 반 이하로 섞자. 〈반찬등속〉대로 생조기 살을 다져 넣고 조기의 뼈와 머리, 껍질 등 나머지로 조기육수로 만들어 넣었다. 진한 색의 액젓이 들어가지 않으니 고추색이 더욱 선명하고 예쁘게 산다. 생조기 대신 멸치액젓이나 까나리액젓을 써도 좋은데, 그럴 때는 새우젓의 분량을 늘여 넣는다. 액젓만 쓰는 것보다 생선이나 해물의 살을 같이 넣어야 훨씬 더 맛있다.

066

## 만들기

**재료** 배추 1포기, 무 ½개, 무청 200g, 쪽파 10줄기, 조기 1마리

**소금물** 물 1L, 소금 1.2컵

**양념** 고춧가루 ½컵, 홍고추 10개, 마늘 10쪽, 생강 2쪽, 파 2대, 양파 1개, 찹쌀풀 ½컵(황태 머리 육수 + 찹쌀가루), 새우젓 2큰술, 마른 청각 3g, 설탕 1큰술, 소금 3큰술

※ 생조기 대신 조기젓이나 멸치액젓, 까나리액젓을 넣어도 좋다. 그럴 경우 소금양을 조절한다.

1. 배추는 한 잎씩 떼서 잎끼리 겹쳐 5cm 길이로 썬다. 큰 잎은 반을 갈라 썰고 작은 잎은 그대로 썬다.
2. 무는 4x5x1cm 크기로 두툼하게 나박썰기한다.
3. 무청도 깨끗이 씻어 5cm 길이로 썬다.
4. 분량의 소금물에 배추와 무, 무청을 3시간가량 절인다.
5. 쪽파는 5cm 길이로 썬다.
6. 조기의 살은 다지고 나머지 머리와 뼈, 껍질 등은 물을 넣고 끓여 조기육수 1컵을 만든다.
7. 청각은 물에 불려 빡빡 문질러 씻어 곱게 다진다. 다지지 않고 뭉쳐서 김치 담는 용기의 바닥에 깔아도 된다.
8. 절인 배추와 무, 무청을 2~3번 헹궈 체에 밭쳐 물기를 뺀다.
9. 믹서에 마늘과 생강, 홍고추, 고춧가루, 파, 양파를 넣고 조기육수와 찹쌀풀을 넣고 갈아서 설탕과 조기살, 다진 청각을 섞는다.
10. 배추와 무, 무청, 쪽파에 9의 양념을 넣고 버무린다. 소금으로 간을 맞춘다.
11. 용기에 담고 배추 우거지로 위를 덮는다. 상온에 하루 정도 두었다가 냉장고에 넣는다.

# 오이열무 물김치

〈반찬등속〉 외이김치에 시원한 국물 맛을 더했다

**"오이김치는 한창 크는 오이를 갓 따서 한가운데를 열십자로 가르고 그 속에 마늘과 고추를 난도하여 넣어서 소금물에 넣고 조기를 다지어 넣었다가 써라."**

**"외이김치는 오이 속을 파고 갖은 양념을 오이 속에 넣고 열무를 씻어서 초를 조금 넣어 이 오이에 넣어서 먹으라."**

〈반찬등속〉에는 오이로 담근 김치가 두 가지 나온다. 하나는 전형적인 소박이 형태이고, 다른 하나는 이 김치의 출발점인 외이김치다. 두 가지 모두 오이에 양념한 소를 넣는다는 점은 동일하다. 차이는 오이 속을 처리하는 방식과 들어가는 소의 재료다. 오이김치는 안을 열십자로 갈라 고추와 마늘을 다져 속을 채우는 반면 외이김치는 오이 속을 모두 파내고 그 안에 양념과 초를 친 열무를 넣었다. 저장수단이 발달한 요즘도 오이김치는 쉽게 무르기 때문에 조금씩 담가 5일 이내에 먹는다. 그런데 여기에 초까지 넣어 맛을 낸 것이다. 식초를 넣어 미리 숙성된 김치의 신맛을 냈으니 바로 먹을 수밖에 없다. 어느 고조리서에도 나오지 않는 재료의 결합과 제법이라는 면에서 외이김치는 특별하다.

오이는 세계적으로 절임 음식의 중심에 있는 재료다. 서양의 피클이나 중국의 파오차이를 떠올리면 쉽게 이해된다. 우리나라도 마찬가지였다. 17세기 〈최씨음식법〉에 오이김치가 처음 등장하는데 18세기 〈증보산림경제〉에 이르면 황과산, 황과담저, 황고란 등 오이로 만든 김치류 6종과 오이가 부재료로 쓰인 것이 2종 등장한다. 이 흐름은 〈반찬등속〉 이후에도 계속된다. 방신영의 〈조선요리제법〉 3판의 '침채 만드는 법'에는 오이가 주재료로 들어간 김치가 외김치와 외지, 용인외지, 외소김치, 외찬국 등 5종이며, 동침이별법과 장짠지, 젓국지, 닭김치, 깍두기 등에는 부재료로 들어간다. 고조리서들의 오이김치들은 대체적으로 두 형태로 나뉠 수 있는데, 소박이와 오이지다. 오이지 형태의 오이김치는 단독으로도 먹지만 다른 김치의 부재료로 넣거나 양념으로도 많이 쓰였다.

고조리서에 열무가 처음 등장하는것은 〈반찬등속〉보다 시기적으로 10~20년 정도 앞선 〈시의전서〉다. 소박이 형태의 가지김치에 열무를 섞으면 좋다고 나온다. 단독으로 열무김치로 등장하는 것은 이용기의 〈조선무쌍신식요리제법〉이다.

## 아삭한 식감과 깔끔한 국물 맛이 일품인 물김치

우리 집 여름 김치의 대표선수는 열무 물김치였다. 국수 삶은 물을 국물로 잡고 불린 마른 고추나 생홍고추를 갈아 넣으면 그 맛이 일품이다. 특히 우리 집은 밀가루에 날콩가루를 섞어 국수를 밀었는데 그 콩국수 삶은 물로 김치 국물을 만들면 더 맛있어졌다. 여름철 입맛 없을 때 국물을 한 숟가락 떠먹으면 입에 군침이 싹 돌았다. 애피타이저인 셈이었다. 열무로만 담글 때도 있었지만 어머니는 때때로 오이를 네 쪽으로 가른 후 길게 뚝뚝 썰어 넣었다. 육촌 언니(송원호, 밀양 손씨 손녀 강청자의 외손녀)네 집에서도 오이를 넣은 열무물김치를 담갔다고 하니, 밀양 손씨의 비법이 알게 모르게 집안에 두루 전수된 것 같다. 청주 상신동에서는 옛날부터 열무를 콩밭 이랑에 심어 길러 먹었다. 이게 콩밭 열무다. 다른 열무보다 조금 비싸지만 한눈에 봐도 짧고 야들야들 부드럽게 생겼다. 이 열무로 오이열무 물김치를 만들면 최상이다.

〈반찬등속〉의 외이김치를 국물을 떠먹을 수 있는 열무 물김치로 바꿨다. 오이와 열무를 잘 다듬어 통째로 담그고 상에 올릴 때 잘라서 먹는다. 시원한 황태 머리 육수로 국물을 만들어 배즙과 양파즙, 무즙을 섞었다. 국물의 깔끔함을 위해 고추와 마늘, 생강은 다지지 않고 채 썰어 사용했다. 마늘은 오이를 무르게 하는 성질이 있어 많이 넣지 않았다.

## 만들기

**재료** 오이 5개, 열무 반 단
**소금물** 물 1L, 소금 1.2컵
**양념** 실고추 6g, 마늘 4쪽, 생강 2쪽,
소금 1큰술
**국물** 고운 고춧가루 3큰술,
황태 머리 육수 3컵, 조기육수 5큰술,
배즙 6큰술, 무즙 5큰술, 양파즙 2큰술,
매실청 1큰술, 소금 1.5큰술, 물 1L
※ 조기육수 대신 조기젓이나 멸치액젓,
까나리액젓을 넣어도 좋다. 그럴 경우
소금양을 조절한다.

1. 오이는 소금으로 문질러 씻어 양 끝을 1~2cm씩 잘라내고 길이로 반을 나누어 가운데 씨 부분을 제거한다.
2. 열무는 다듬어 깨끗이 씻어 체에 밭쳐 물기를 뺀다.
3. 씻은 오이와 열무를 분량의 소금물에 1시간 반 정도 절인 다음 1~2번 헹궈 물기를 완전히 뺀다.
4. 마늘과 생강은 채 친다. 시판 실고추는 3~4cm 길이로 자른다.
5. 조기육수에 소금을 녹이고 채 썬 마늘과 생강, 실고추를 넣어 양념을 만든다.
6. 양념을 나누어 오이와 열무를 따로 버무린다.
7. 저장용기에 열무를 한 켜 깔고 그 위에 자른 면이 위로 가도록 오이를 담는다. 다시 그 위에 열무를 한 켜 넣는다. 이때 오이 속에 열무를 집어 넣듯이 올린다. 계속 오이, 열무 순으로 담고 누름판으로 누른다.
8. 황태 머리 육수에 무즙과 양파즙, 배즙을 섞고 소금으로 간한다.
9. 고춧가루를 8의 국물에 섞어 10~20분 두어 색을 낸 후 체에 거른다. 거르고 남은 고춧가루는 버린다.
10. 7의 김치를 실온에서 6~8시간 놓아둔 뒤 오이와 열무에서 물기가 생기면 9의 국물을 붓고 한나절 정도 지난 후 냉장고에 넣는다.

# 후손들의 오이열무 김치 4

**오이열무 물김치**
담글 때 국물을 충분히 잡는다. 오이 속을 잘라내거나,
절일 때 뜨거운 물에 잠깐 담가두면 더 아삭해진다.

**오이열무 겉절이**
속을 제거한 오이와 열무에 식초를 넣고 가볍게 무쳐
애피타이저나 샐러드로 먹는다.

**재료** 열무 1단, 오이 5개, 쪽파 10줄기, 절임용 소금 ½컵
**양념** 고춧가루 3큰술, 마늘 12쪽, 생강 2쪽, 양파 1개, 배 ½개, 밀가루풀(황태 머리 육수 + 밀가루) 3큰술, 멸치액젓 2큰술, 설탕 2큰술
**국물** 물 2L, 소금 3큰술

1 오이는 네 쪽으로 길게 잘라서 다시 5cm 길이로 썰어 속을 제거한다.
2 열무는 살살 흔들어 깨끗이 씻어 5cm 길이로 썬다.
3 오이와 열무를 소금으로 절인다. 30분 정도 절여 체에 밭쳐 물기를 뺀다.
4 쪽파는 5cm 길이로 자른다.
5 믹서에 양념 재료를 넣고 갈아 양념을 만든다.
6 용기에 열무와 오이, 쪽파를 담고 5의 양념을 버무린다.
7 6에 분량의 물을 부어 섞고 소금으로 간을 맞춘다.
8 용기에 담고 실온에 반나절 정도 두었다가 냉장고에 넣는다.

**재료** 열무 한 줌, 오이 5개, 생홍고추 3개, 배 1개, 절임용 소금 ⅓컵
**양념** 마늘 5쪽, 생강 1쪽, 무 ¼개, 멸치액젓 1큰술, 식초 2큰술, 소금 약간, 설탕 약간

1 오이는 길이로 이등분해서 속을 제거하고 소금을 뿌려 30분 정도 절인 다음 헹궈서 물을 완전히 뺀다.
2 열무는 깨끗이 씻어 소금을 뿌려 30분 정도 절인 후 헹궈 물을 뺀다.
3 배 ½개와 홍고추, 마늘, 생강은 채를 썬다.
4 양파와 무, 배 ½을 갈아 고운 체에 걸러 즙만 내린다.
5 4에 설탕과 식초를 넣고 고추채와 마늘채, 생강채를 넣어 버무리고 소금으로 간을 맞춘다.
6 5의 양념을 나누어 열무와 오이를 각각 버무린다.
7 파인 오이 속에 열무를 넣고 용기에 담아 맛이 들 때까지 잠시 둔다.
8 먹기 좋은 크기로 잘라 접시에 놓는다.

오이 속에 열무를 넣어 담그는 〈반찬등속〉의 외이김치는 100년 4대를 거치는 동안 후손들의 입맛과 손맛에 따라 다양한 모양으로 진화했다.

### 오이열무 김치
오이와 열무를 가볍게 절이고 생홍고추를 갈아 김치를 담근다. 겉절이처럼 양념해서 바로 먹을 수 있다.

### 오이열무 백소박이
〈반찬등속〉의 외이김치처럼 속을 제거하고 안을 열무로 채우고 국물을 만들어 붓는다.

**재료** 열무 1단, 오이 5개, 쪽파 10줄기, 양파 1개, 절임용 소금 ½컵
**양념** 생홍고추 10개, 마늘 12쪽, 생강 2쪽, 배 ½개, 새우젓 2큰술, 멸치액젓 2큰술, 밀가루풀(황태 머리 육수 + 밀가루) 2큰술, 소금 1큰술, 설탕 2큰술

1 오이는 네 쪽으로 길게 갈라 5cm 길이로 썬다.
2 열무는 깨끗이 다듬어 살살 흔들어 씻어 5cm 길이로 자른다.
3 오이와 열무에 소금을 뿌려 30분 정도 절인 후 그대로 체에 밭쳐 물기만 뺀다.
4 양파는 채를 썬다.
5 쪽파는 5cm 길이로 썬다.
6 소금과 홍고추를 제외한 양념 재료를 믹서에 넣고 간다.
7 홍고추는 굵게 갈아 6의 양념에 섞는다.
8 열무와 오이, 양파, 쪽파를 양념에 버무린다. 맛을 보고 소금간을 한다.
9 용기에 담아 실온에 하루 정도 두었다가 냉장고에 넣는다.

**재료** 열무 한 줌, 오이 5개, 배 1개, 생홍고추 3개, 절임용 소금 ½컵
**양념** 마늘 3쪽, 생강 1쪽, 멸치액젓 2큰술, 소금 약간
**국물** 물 2L, 밀가루풀(황태 머리 육수 + 밀가루) 2큰술, 소금 3큰술

1 오이는 깨끗이 씻어 끝을 잘라내고 5cm 길이로 썰어 속을 제거한다.
2 열무는 다듬어 깨끗이 씻는다.
3 오이와 열무를 소금으로 30분 정도 절인 후 헹궈 물기를 뺀다.
4 배 ½개와 홍고추는 굵게 채를 썰고 열무도 5cm 길이로 썬다.
5 멸치액젓과 생강, 마늘을 믹서에 넣고 갈아 양념을 만든다.
6 양념을 나누어 오이와 열무, 배채, 홍고추채를 각기 양념한다.
7 오이 속에 열무와 고추채, 배채를 넣어 채운다.
8 무와 양파, 배 ½을 갈아 체에 걸러 즙을 만든다.
9 8에 분량의 물과 밀가루풀을 섞고 소금으로 간을 맞춘다.
10 용기에 속을 채운 오이를 넣고 누름판으로 눌러 9의 국물을 붓는다.

# 알타리무 고추김치

〈반찬등속〉 고추김치1의 다양한 재료에 고춧가루를 넣고 담가 맛을 현대화했다

**"고추김치는 고추와 고춧잎과 잔무를 넣어서 고추김치를 하되, 조금 짜게 하고 이 속에 구리 그릇을 넣어두고 또 생조기를 넣고 파와 생강을 많이 넣어라."**

〈반찬등속〉의 고추김치1은 다양한 채소가 들어가는 복합김치다. 당시 김치의 핵심 재료였던 무뿐만 아니라 무청과 고추, 고춧잎에 파까지 듬뿍 들어간다. 홍고추는 전혀 들어가지 않았다. 박채린은 〈통김치, 탄생의 역사〉에서 김치는 여러 가지 채소를 다양하게 사용해 만들다가 19세기와 20세기를 거쳐 점차 무와 배추로 수렴되었다고 설명한다. 확실히 이전의 고조리서인 〈임원경제지〉의 나복저방과 숭저방, 〈규합총서〉의 섞박지와 어육김치를 보면 한 가지 김치에 여러 재료가 들어간다. 〈반찬등속〉의 고추김치1의 경우, 한 가지 김치에 여러 재료가 들어가는 듯하지만, 막상 보면 크게 무와 고추의 부속물이라는 두 범주의 재료만 사용했다. 이 외에도 〈반찬등속〉 김치 중 여러 가지 재료가 들어가는 김치는 짠지가 있다.

2~3년 전 〈반찬등속〉에 나오는 재료만 가지고 설명된 제법 그대로 고추김치1을 담아 겨울철 실외에 두고 두 달 정도 변화를 지켜본 적이 있었다. 〈반찬등속〉의 김치들이 지금의 김치와 달라 당황스러웠기 때문이다. 그런데 시간이 지나 김치가 숙성되면서 문득 이런 생각이 들었다. 빨간 고춧가루가 들어가기 전, 많은 양념이 들어가기 전의 김치가 이렇게 생기지 않았을까. 그러니까 딤채나 침채로 불렸던 시절의 김치, 비교적 출발선 근처에 서 있던 원형의 김치 말이다. 발효를 돕는 풀이나 매실청과 설탕 같은 당 종류가 들어가지 않아 제대로 발효되기까지 오래 걸렸지만 다 익으니 요즘의 김치와 비슷한 맛과 냄새가 났다. 그대로 고춧가루만 넣는다면 맛도 모양도 요즘 김치와 크게 다를 바 없어 보였다. 소금에 절이고 풀을 넣는 것들은 빨리 발효되고 맛의 순환을 돕는 수단일 뿐이다. 100년 전 김치와 지금 김치의 본질적인 원리는 변하지 않고 동일하니까 말이다.

## 다양한 김치 재료가 어울려 내는 맛의 향연

할머니는 총각김치를 담글 때 삭힌 고추를 넣으셨다. 그때 삭힌 물을 조금 받아두었다가 양념에 섞었다. 당시 할머니가 사용한 무는 지금의 알타리무가 아니라 밭에서 제대로 자라지 못해 솎아낸 지질한 무였다. "그때는 따로 총각무가 없었어. 밭에서 덜 자란 작은 무로 담갔어. 서울에 오고 나서 한 10년도 더 지나서 알타리무가 나왔지." 어머니 말씀에 따르면 70년대쯤에야 총각무가 시장에 등장했다. 지금도 청주 상신동에서 직접 농사를 지어 김치를 담그는 강씨 후손들은 알타리무로 총각김치를 담그지 않는다. 무를 일부러 늦게 심어 손바닥 만한 크기로 자랐을 때 뽑아서 쓴다.

〈반찬등속〉의 고추김치1은 4대 100년 동안 많은 변화가 있었다. 고춧가루가 들어갔고, 고추는 미리 삭혀두었다가 넣고 대파 대신 쪽파를 넣는다. 〈반찬등속〉의 고추김치1은 이제 알타리무와 지고추에 쪽파를 듬뿍 넣고 담근 알타리무김치가 된 것이다. 이 김치의 매력은 한 가지 김치에서 다양한 맛과 식감을 즐길 수 있다는 점이다. 그날 기분이나 같이 먹는 음식에 따라 알타리무나 지고추, 쪽파를 골라 먹는다. 라면을 먹을 때는 지고추, 고기를 먹을 때는 쪽파를 먹고 갓 지은 밥에는 고춧잎김치만 골라 먹어도 맛있다. 알타리무는 어떤 반찬하고도 잘 어울린다.

## 만들기

**재료** 알타리무 1단, 삭힌 고추 24개, 삭힌 고추잎 120g, 쪽파 30줄기, 조기 1마리,
**소금물** 물 1L, 소금 1.2컵
**양념** 굵은 고춧가루 $\frac{2}{3}$컵, 마늘 12쪽, 생강 3쪽, 양파 1개, 배 $\frac{1}{2}$개, 찹쌀풀(황태 머리 육수+찹쌀가루) $\frac{1}{2}$컵, 새우젓 3큰술, 설탕 1큰술, 소금 2큰술
※ 생조기 대신 조기젓이나 멸치액젓, 까나리액젓을 넣어도 좋다. 그럴 경우 소금양을 조절한다.

1. 알타리무의 잔털을 제거하고 무와 무잎새 사이의 흙을 칼로 깨끗이 긁어내고 씻어 절인다.
2. 삭힌 고추와 고춧잎은 물에 담가 탈염하고 난 후 체에 받쳐 물을 완전히 뺀다. 짜지 않으면 그대로 삭힘 물만 뺀다.
3. 쪽파는 다듬어 씻는다. 머리가 굵으면 두드리거나 칼집을 넣는다.
4. 조기는 살만 발라 다지고, 머리와 뼈, 껍질 등 나머지 부분은 물을 넣고 끓여 조기육수 1컵을 만든다.
5. 나머지 양념 재료를 모두 믹서에 갈아 소금으로 간을 맞춘다.
6. 절인 알타리무를 2~3번 헹궈 물을 빼놓는다. 이때 알타리무가 크면 이등분한다.
7. 알타리무의 무 부분은 문질러서 양념을 발라주고 잎 부분은 칠하듯 쓱 바른다.
8. 쪽파는 흰 줄기 쪽만 집중적으로 양념을 문질러주고 파란 잎은 훑듯이 바른다.
9. 고춧잎도 양념에 버무린다.
10. 위에서 담근 각각의 김치를 번갈아 용기에 담고, 맨 위를 누름돌로 눌러 공기와 접촉되지 않도록 한다.
11. 상온에 하루 정도 두었다가 냉장고에 넣는다.

# 해물배추김치

〈반찬등속〉의 배추짠지는 시간이 흘러 배추김치로 진화했다

**"배추짠지는 좋은 것으로 하되 고추를 실고추로 썰어서 하고 조기와 문어와 전복을 저미어 배추 고갱이에 넣되 생강과 고추와 조기, 문어, 전복을 한데 넣어라."**

김치 하면 우리 머리에 떠오르는 빨간 맛의 배추김치는 긴 우리 김치사에 가장 최근에 등장한 신생아에 가깝다. 물론 이 아이는 좋은 유전자만 물려받고 태어나 발전된 기술과 풍요로운 자원의 혜택을 받아 성장한 금수저다. 이 김치가 나오기까지 다양한 발전이 선행되었다. 질 좋은 배추를 탄생시킨 유전자 기술, 소금을 대량 생산하는 기술, 고추 생산을 위한 농업 기술, 고춧가루의 가공 기술, 액젓의 상용화를 가져온 식품 가공 기술, 그리고 마지막으로 김치냉장고의 등장까지.

우리나라 김치는 언제부터 빨간색을 띠게 되었을까. 처음 단서를 발견할 수 있는 것은 〈규합총서〉와 〈시의전서〉의 동아섞박지다. 두 책의 동아섞박지는 딱 한 구절만 빼고 거의 일치한다. 〈규합총서〉의 '청각, 생강, 파를 다 한데 섞어 절구에 찧어'라는 대목이 100여 년 후 〈시의전서〉에서는 '청각, 생강, 파, 고추를 다 한데 섞어 가루가 되도록 절구에 찧어'로 바뀐다. '고추'와 '가루가 되도록'이 추가되어, 100여 년 만에 동아섞박지는 붉은빛을 띠게 되었다. 〈시의전서〉에는 가루 형태로 고추가 들어간 김치가 두 가지 더 나오는데, 외김치와 젓무다.

〈반찬등속〉에는 붉은 고추를 부수거나 난도해 넣는 김치가 등장하지만 여전히 고추채만 넣거나 아예 넣지 않는 김치도 있다. 7년 뒤에 나온 〈조선요리제법〉 3판의 김치들을 살펴봐도 여전히 김치는 전체적으로 빨갛지 않다. 나박김치에는 고추를 잘게 썰어 넣고, 배추김치와 외김치, 젓국지, 김통지(통김치), 장김치에는 고추를 채 쳐 넣는다. 외소김치와 깍두기, 고춧잎장아찌에는 욱여(다져) 넣고 짠지는 굵게 썰어 넣는다. 고춧가루는 외찬국 하나에 들어가는데, '고춧가루를 쳐서 먹는다'. 고추의 쓰임새가 〈반찬등속〉과 크게 달라지지 않았다. 다시 3년이 지나 출간된 〈조선무쌍신식요리제법〉을 보자. 통김치와 젓국지, 얼가리김치, 장김치에는 고추를 채 쳐서 쓰고 나박김치와 짠지에는 굵게 썰어 넣고 외김치와 외소김치, 외깍두기에는 고추를 익여(다져) 넣는다. 깍두기와 햇깍두기에 고춧가루를 쓴다. 섞박지와 풋김치, 갓김치 등은 고추가 나오나 처리 방법을 별도로 언급하지 않았다. 대동소이하다. 결국 1920년대까지 김치는 지금처럼 빨간색을 띠지는 못했던 것 같다. 고추가 전래된지 300년이 지났어도 고추는 모든 김치를 붉게 물들이지는 못했다. 이 문제는 기계식 방앗간의 보급으로 해결된다. 그게 1930년대라고 한다. 고춧가루를 김치에 흔하게 쓰게 된 것은 이때부터다. 아무리 고추가 널리 재배되었어도 손으로 일일이 실고추로 썰거나 다져야 했다면 많이 넣을 수 없었을 것이다. 어느 방면이든 인프라가 중요하다.

## 해물로 배추 속을 채워 감칠맛을 극대화하다

전복과 문어, 조기 같은 화려한 〈반찬등속〉 배추짠지의 재료를 넣고 배추김치를 담갔다. 전복과 문어는 채 썰어 넣어 씹히는 식감과 감칠맛을 살렸다. 조기는 살만 발라 다져 양념과 섞고 나머지 머리와 뼈, 껍질 등은 물을 넣고 끓여 조기 육수를 만들었다. 무채는 최소한으로 넣었다. 우리 어머니 식으로 표현하자면 넣는 시늉만 했다. 미나리와 갓, 쪽파 같은 향신채들은 배추 속에 넣는 대신 배추 켜 사이에 넣었다. 맛과 향은 살리면서 김치가 깔끔해 보인다. 먹을 때 김치 양념을 털어내는 사람들에게 최고다.

생조기 대신 조기젓이나 멸치액젓이나 까나리액젓을 써도 좋다. 김장철이라면 생새우를 넣어주면 더 좋다. 젓갈은 김치맛에 큰 영향을 주는데, 액젓만 쓰는 것보다는 해물의 살이 같이 들어가면 맛의 상승 효과가 있다. 황태 머리 육수로 찹쌀풀을 쒀서 넣어 시원한 맛을 추가했다.

배추는 좋은 천일염으로 소금물을 만들어 12시간 이상 천천히 절였다. 진한 소금물로 너무 빨리 절이면 배추의 맛 성분이 급격하게 빠져나가 질겨진다. 반대로 제대로 절이지 못하면 무르거나 숙성 과정에서 양념의 순환이 잘 이루어지지 않는다. 절인 후에는 깨끗이 헹궈 물을 완전히 빼고 양념을 해야 묽어지지 않는다.

## 만들기

**재료** 배추 2포기, 무 ¼개, 갓 4줄기, 미나리 ½단, 쪽파 20줄기, 대파 4대, 조기 2마리, 문어 다리 2쪽, 전복 4개
**소금물** 물 2L, 소금 2.5컵
**양념** 고춧가루 3컵, 마늘 2통, 생강 4쪽, 양파 1개, 배 ½개, 찹쌀풀(황태 머리 육수 + 찹쌀가루) 1컵, 새우젓 ½컵, 설탕 2큰술, 소금 3큰술

※ 생조기 대신 조기액젓이나 멸치액젓, 까나리액젓을 넣어도 좋다. 그럴 경우 소금양을 조절한다

1. 배추 밑동 부분에 칼집을 15cm 정도 넣고 손으로 잡아 반으로 가른다.
2. 분량의 소금물에 담가 12시간 이상 절인다. 3~4시간마다 뒤집어 주고 중간에 고갱이 부분에 소금을 조금 더 뿌린다. 줄기를 잡아 굽혔을 때 꺾이지 않고 부드럽게 구부러지면 잘 절여진 것이다.
3. 무는 5cm 길이로 잘라 채로 썬다.
4. 미나리는 잎을 떼내고 줄기만 깨끗이 씻어 5cm 길이로 썬다.
5. 갓은 씻어 5cm 길이로 썬다. 큰 잎은 한 번씩 더 썬다.
6. 쪽파는 5cm 길이로 썰어 흰 부분은 채 썬다.
7. 대파는 흰 부분만 채 썬다.
8. 문어 다리는 밀가루로 문질러 끈적이는 진액을 제거하고 5cm 길이로 잘라 굵은 부분은 굵게 채 썰고 가는 부분은 3~4cm 길이로 자른다. 살짝 냉동하면 채 썰기 쉽다.
9. 전복은 껍데기를 떼고 솔로 문질러 깨끗이 씻어 채 썬다.
10. 조기의 살 부분은 다지고 머리와 뼈, 껍질 등은 물을 넣고 끓여 조기육수 2컵을 만든다.
11. 조기육수와 황태육수를 섞고 소금을 제외한 모든 양념 재료를 믹서기에 넣고 갈아 소금으로 간을 한다.
12. 11의 양념에 무채와 전복채, 문어채를 섞는다.
13. 양념을 일부 덜어 미나리와 쪽파, 갓, 대파를 양념한다.
14. 절인 배추를 깨끗이 헹궈 물기를 완전히 빼고 밑동에 칼집을 다시 한번 넣고 손으로 잡아 둘로 쪼갠다.
15. 자른 면이 위로 향하도록 놓고 안쪽 잎들을 한 손에 모아쥐고 다른 손으로 배추의 바깥쪽부터 한 장씩 양념을 바른다. 두꺼운 줄기 쪽은 꼼꼼히 바르고 잎쪽은 한 번씩 쓱 문질러준다. 마지막으로 바깥쪽의 큰 잎으로 김치 전체를 둘러 감싼다.
16. 저장용기에 배추를 한 켜 깔고 그 위에 양념한 미나리와 쪽파, 갓 버무린 것을 한 켜 간다. 다시 배추, 양념한 채소 순서로 반복해 담는다.
17. 위를 우거지로 덮고 누름판으로 눌러준다.
18. 상온에서 하루 정도 두었다가 냉장고에 넣는다.

# 옛날 동치미

⟨반찬등속⟩ 무김치의 제법 그대로, 과일과 양념을 더 넣어 맛을 현대화시켰다

**"무김치는 무를 씻어다가 독에 넣고 소금을 채에 쳐서 무 있는 데에 많이 붓고 마른 채로 절여서 부었다가 하루나 이틀 후에 무에 있는 소금을 도로 많이 집어내고 다시 소금물을 해 붓는다. 고추는 풋고추를 쓰되 꼭지 밑을 가위로 잘라 버리고 김치 무 속에 집어넣고, 생조기를 난도하여 많이 넣어라."**

겨울에 담가 먹는다 하여 '동침이'라 불렸는데 〈반찬등속〉에는 무김치로 소개된다. 동치미는 우리나라에서 가장 오래된 김치다. 1450년경 쓰인 〈산가요록〉에 처음으로 등장하는데, 그때는 순무로 담갔다. 여러 고조리서를 보면 무로만 담그기도 하고 오이나 가지, 생강, 파, 고추 등의 다른 부재료를 같이 넣기도 하는데, 〈반찬등속〉 무김치는 무와 고추에 별다른 양념 없이 조기만 다져 넣었다. 신기하게도 생조기를 넣는데도 비린내도 없고 기름기도 뜨지 않는다. 이전 〈규합총서〉와 〈임원경제지〉에는 쓰고 남은 생선 대가리나 뼈 등을 고아 국물을 내어 김치를 담그는 법이 나온다. 동치미에 생선을 쓰는 제법은 다른 조리서에도 나오는데 〈조선무쌍신식요리법〉이다. 연어알을 넣고 맨드라미꽃으로 빨갛게 색을 낸다. 〈규합총서〉와 〈시의전서〉에는 동치미에 유자와 배를 넣어 담그고, 먹을 때 꿀을 타고 석류와 잣을 띄워 먹으라 했다.

〈반찬등속〉에 첫 순서로 소개된 것으로 보아 20세기 초 강씨 집안에서 가장 중요한 김치였음을 짐작할 수 있다. 지금도 동치미는 우리 집 겨울 김치의 중심에 있다. 김장할 때 동치미는 배추김치보다 열흘에서 보름 정도 먼저 담근다. 발효되는 과정에서 생성된 탄산이 새콤하고 톡 쏘는 맛을 낸다. 보통 짜게 담가 먹을 때 찬물을 섞는다. 그래야 끝까지 무가 무르지 않는다. 톡 쏘는 맛을 보존하기 위해 낮은 온도에서 보관한다.

## 달지 않아 더 개운하고 아삭한 동치미의 맛

요즘 동치미들은 어디 가나 너무 달큰하다. 〈반찬등속〉의 무김치처럼 옛날식으로 담근 우리 집 동치미는 정말 시원하고 칼 같은 냉철한 맛이 느껴진다. 음식점의 단맛 나는 동치미가 도심의 겨울이라면 옛날 동치미 맛은 오염되지 않은 강원도 깊은 산골의 겨울 같다. 정말 개운하다.

  설탕이나 청은 넣지 않고 사과와 배로 단맛을 냈다. 익을수록 무와 마늘, 생강, 쪽파에서 맛 성분이 빠져나와 은은한 맛의 향연을 이룬다. 조기는 살만 다져 쓰고 조기육수는 한지로 꼼꼼히 걸러 기름기를 완전히 제거하고 국물에 넣는다. 다진 조기살은 발효되며 생긴 젓산에 의해 하얗게 응고되었다가 점점 삭는다. 약간 짜게 담갔다가 먹기 전에 국물에 찬물을 섞고 동치미 무를 썰어 잠깐 담가두면 무에서 맛 성분과 짠기가 빠져나와 국물도 무도 맛있어진다. 단맛이 더 필요하면 상에 올릴 때 설탕을 조금 타면 된다.

  동치미는 국물을 먹는 김치이므로 담글 때 물을 너무 적게 잡으면 나중에 무만 남게 된다. 반대로 국물이 너무 많으면 맛이 싱겁다. 나중에 쓸 소금으로 처음부터 무를 절이고 절이면서 생기는 물은 버리지 않고 국물로 사용한다. 동치미의 지고추는 구멍을 뚫지 않고 삭힌다. 덜 삭혀졌어도 괜찮다. 동치미 안에서 마저 삭혀지니 말이다.

092

## 만들기

**재료** 무 8개, 삭힌 고추 300g, 조기 2마리,
쪽파 20줄기, 사과 1개, 배 1개
**소금** 1.5컵
**양념** 마늘 3통, 생강 3쪽
**국물** 물 4L(저장용기의 크기에 따라 조절)
※ 생조기 대신 조기액젓이나 멸치액젓,
까나리액젓을 넣어도 좋다. 그럴 경우
소금양을 조절한다.

1. 무는 잔뿌리를 제거하고 깨끗이 씻어 한 개씩 소금에 굴려 저장용기에 담고 남은 소금으로 위를 덮는다. 이때 분량의 소금을 모두 사용한다.
2. 하루나 이틀이 지나 물이 생기면 무에서 녹지 않은 소금을 깨끗이 털어낸다. 이 소금과 소금물은 모아두었다가 국물 만들 때 쓴다.
3. 조기는 살만 발라 다지고 머리와 뼈, 껍질 등을 물을 넣고 끓여 조기육수 2컵을 만들어둔다.
4. 삭힌 고추는 삭힘 물을 완전히 빼놓는다.
5. 마늘과 생강은 채를 썬다.
6. 쪽파는 머리 쪽에 칼집을 넣어서 다섯 줄기씩 묶는다.
7. 베주머니에 조기살, 마늘과 생강채를 넣어 저장용기 바닥에 깐다.
8. 그 위에 묶은 쪽파와 삭힌 고추를 넣는다.
9. 사과와 배는 크면 8등분, 작으면 4등분해서 씨를 제거하고 넣는다.
10. 9에 무를 담고 뜨지 않게 누름판으로 눌러준다.
11. 분량의 물에 조기육수와 2의 소금물을 섞고 남은 소금으로 간을 맞춰 국물을 만든다. 용기에 가득 붓는다.
12. 실온에서 3~4일 숙성시킨 뒤 냉장고에 넣는다.

# 국물깍두기

절이지 않고 담그는 〈반찬등속〉 갓데기를 설렁탕집 깍두기처럼 국물 있게 만들었다

**"깍독이는 무를 네모반듯하게 작게 썰어 소금에 절이고 고추와 마늘을 난도하여 소금물에 버무려 물을 만든다. 썰어 놓은 무를 합하여 놓고 생강을 잘게 채 쳐서 섞고 조기를 난도하여 많이 넣는다."**

**"갓데기는 무를 골패짝만 하게 네모반듯하게 깎아서 하되 새우젓물과 조기와 고추를 부수어 넣어라."**

〈반찬등속〉에는 깍독이와 갓데기라는 이름으로 두 가지 제법의 깍두기가 나온다. 써는 모양과 만드는 법, 들어가는 양념이 조금씩 다르다. 깍독이는 겨울철 김장용 깍두기로, 갓데기는 여름에 담가 먹는 깍두기로 보인다. 깍독이는 궁중의 깍두기 송송이처럼 아주 작게 입을 크게 벌리지 않고 품위 있게 먹을 수 있도록 썰고, 갓데기는 골패짝 모양으로 썬다.

〈반찬등속〉은 깍두기가 처음 등장하는 고조리서다. 10~20년 앞선 고조리서 〈시의전서〉에 깍두기와 유사한 열젓국지와 젓무가 나오는데, 이중 젓무는 담그는 법이 비슷하다. 다만 이 두 가지는 무 외에도 오이지, 미나리, 배추나 배추속대가 들어간다. 〈반찬등속〉 이후 출간된 〈조선요리제법〉과 〈조선무쌍신식요리제법〉의 깍두기는 골패짝처럼 무를 썰어서 새우젓으로 담가 〈반찬등속〉의 갓데기와 모양도 제법도 유사하다. 우리 어머니도 옛날에는 깍두기를 골패짝처럼 납작하게 썰어 담갔다고 기억한다.

1920년대 출간된 앞의 조리서들에는 여러 종류의 깍두기가 등장하는데, 재료에 따라 오이깍두기, 굴깍두기가 있고 무를 썰거나 처리하는 방법에 따라 채깍두기, 통깍두기, 숙깍두기가 있다.

## 양파를 듬뿍 넣어 더 시원하고 달콤해졌다

〈반찬등속〉의 두 가지 깍두기 중 요즘 우리 집에서 담그는 방식은 무를 절이지 않아 국물이 많이 생기는 '깍독이' 쪽이다. 〈반찬등속〉에는 송송이처럼 작게 썰라고 되어 있지만 지금은 무의 아삭한 식감을 즐기기 위해 설렁탕집 깍두기처럼 아주 크게 썬다. 무를 길이로 반을 가른 뒤 반달 모양으로 크게 썰거나 아니면 4등분해서 은행잎 모양으로 썬다. 무가 아주 클 때는 통으로 4~5cm 길이로 자르고 다시 바둑판처럼 썰어 9조각을 낸다.

양파를 큼직하게 썰어 무와 같이 깍두기를 담으면 시원하고 달콤한 맛이 난다. 양파를 많이 넣으면 그릇에 따로 담아 별도의 김치처럼 먹을 수도 있다. 다만 양파는 쉽게 익는 데다가 익으면 무르기 때문에 빨리 먹어야 한다.

무가 맛있는 가을이나 겨울철에는 설탕을 넣지 않고 담가도 충분히 맛있다. 무가 맛없는 한여름에는 먼저 설탕으로 절여 단맛을 흡수시키고 30분 후 소금에 절이면 훨씬 맛이 좋아지고, 국물의 점도가 좋아져 무에 양념이 착 달라붙는다. 생강은 충분히 넣어주는 것이 좋다. 최대한 시원한 맛을 살리기 위해 황태 머리 육수를 사용했고, 〈반찬등속〉의 제법처럼 새우젓을 넣어 깔끔한 감칠맛까지 추가했다.

## 만들기

**재료** 무 1개, 양파 3개, 쪽파 10줄기, 조기 ½마리

**양념** 고춧가루 6큰술, 마늘 8쪽, 생강 2쪽, 찹쌀풀(황태 머리 육수 + 찹쌀가루) 2큰술, 새우젓 2큰술, 소금 1.5큰술
※ 생조기 대신 조기액젓이나 멸치액젓, 까나리액젓을 넣어도 좋다. 그럴 경우 소금양을 조절한다.

1. 무는 잔뿌리를 제거하고 깨끗이 씻어 통으로 5cm 길이로 썬다. 원통으로 썬 무를 다시 4x2cm의 직사각형으로 썬다.
2. 조기는 살만 발라서 다지고 머리와 뼈, 껍질 등은 물을 넣고 끓여 조기육수 반 컵을 만든다.
3. 양파는 깨끗이 다듬어 씻는다. 뿌리 쪽이 붙어 있도록 대각선으로 썰어 8등분을 한다. 작으면 4등분 한다.
4. 쪽파는 5cm 길이로 자른다.
5. 새우젓을 제외한 양념 재료와 조기육수를 믹서에 넣고 갈아 소금으로 간을 맞춘다.
6. 무에 5의 양념을 넣고 치대듯이 문질러 버무려 고춧가루 색을 빨갛게 골고루 들인다.
7. 새우젓을 손으로 으깨어 6에 버무린다.
8. 마지막으로 쪽파와 양파를 넣고 가볍게 버무린다.
9. 용기에 담아 하루 정도 상온에 두었다가 냉장고에 넣는다.

# 해물백김치

〈반찬등속〉 배추짠지의 100년 전 재료들을 그대로 넣고 보쌈김치로 재해석했다

**"배추짠지는 좋은 것으로 하되 고추를 실고추로 썰어서 하고 조기와 문어와 전복을 저미어 배추 고갱이에 넣되 생강과 고추와 조기, 문어, 전복을 한데 넣어라."**

〈반찬등속〉의 짠지가 소금과 고추씨로만 절인 지금의 짠지가 아닌 것처럼, 〈반찬등속〉의 배추짠지 역시 지금의 배추짠지가 아니다. 아니 정확히 대척점에 있다. 소금과 고추씨로만 맛을 낸 소박한 요즘 배추짠지 vs 온갖 화려한 해물로 맛을 낸 〈반찬등속〉 배추짠지. 후자는 온갖 식재료가 풍부한 요즘에도 보기 드문 호사스러운 김치다. 우리나라의 호사스러운 김치의 전통은 〈음식디미방〉이나 〈규합총서〉에서도 확인된다. 〈규합총서〉의 섞박지 재료를 보면 채소 외에 낙지, 조기젓, 준치젓, 굴젓, 밴댕이젓이 들어간다. 어육김치에는 평소 먹고 모아둔 생선의 껍질과 머리를 삶은 국물에 소고기를 진하게 달여 섞는다. 〈반찬등속〉의 배추짠지는 이러한 우리나라 양반가의 화려한 김치 전통을 잇는다. 이것은 〈반찬등속〉(반찬등속은 저자 밀양 손씨가 1909년 사망한 후 1913년 손자 강규형이 책으로 엮었다. 그러니까 실제로 쓰인 시기는 1909년 이전이다)이후 가속화된다. 1910년 일제가 조선 왕조를 해체한 후 왕실의 궁내부 숙수들이 요리옥 등에 취직하게 되면서 왕가의 김치가 민간에 전해졌기 때문이다. 1924년에 발간된 〈조선무쌍신식요리제법〉을 보면 통김치 한 가지에 온갖 산해진미가 들어간다. 육류로는 양지머리와 차돌, 돼지고기, 설렁탕 국물이 들어가고 해물류로는 대구, 조기젓과 준치젓, 도미젓, 방어젓, 생전복, 생소라, 생낙지, 생굴, 생대합이 들어간다. 그러면서 저자 이용기는 방신영이 〈조선요리제법〉 저서에 소개한 해물이나 젓갈, 육류를 하나도 넣지 않은 소박한 소김치를 옛날 방법이라 평가절하한다.

〈반찬등속〉 배추짠지는 문헌상 배추가 단독으로 사용된 최초의 김치로 보인다. 드디어 배추가 보조출연자에서 조연, 공동주연을 거쳐 단독 주인공이 되는 서막이 열린 것이다. 이것이 가능하게 된 배경에는 질 좋은 조선배추의 등장이 있다. 동시에 김치 제법도 혁명적 변화가 일어난다. 양념이 배추 속으로 들어가기 시작한 것. 이 제법을 송엽내저라고 부른다. 〈반찬등속〉의 배추짠지는 이 제법으로 만들어진다. 1910년 전후 청주 지역에 반결구 배추의 존재를 알리는 증거는 〈반찬등속〉 배추짠지 설명에 등장하는 '고갱이'라는 단어다. 고갱이는 결구가 생성되는 배추에만 있다.

## 시각적으로 아름답고 미각적으로 화려한 맛

〈반찬등속〉의 배추짠지는 문어와 전복, 조기가 들어가는 요즘에도 보기 드문 호사스러운 김치다. 이 김치를 더욱더 호사스럽게 재해석해서 손님상에 내기 좋은 보쌈김치 형태의 백김치를 담갔다.

포를 뜨고 남은 조기의 머리와 뼈 등을 삶아 육수를 내어 황태 머리 육수와 섞었다. 조기의 구수하고 깊은 맛에 황태 머리의 시원한 맛이 더해졌다. 설탕이나 청 대신 배와 양파, 무의 즙을 넣어 은은하고 고급스러운 단맛을 내고, 거기에 조기의 단백질 분해 과정에서 감칠맛 성분이 더해지고 배추의 맛까지 추출되어 어우러지면 절정의 맛이 완성된다.

요즘 보쌈에 많이 넣는 낙지나 굴, 밤채 대신 원래 〈반찬등속〉 레시피 그대로 전복과 문어, 조기를 사용했다. 날것으로 들어간 전복과 문어는 시간이 지나 발효되면서 생기는 산으로 인해 하얗게 응고된다. 마치 남미 음식 세비체처럼 말이다. 다만 조기는 시각적으로 부담스러울 수 있으니 포를 쓰는 대신 갈아 양념에 섞어도 좋다. 상에 낼 때 화려해 보이도록 그릇에 담는 방법도 바꿨다.

다만 대부분의 백김치가 그렇듯 김장김치처럼 오래 두고 먹지 못한다. 먹기 2주일 전에 담그면 배추의 아삭한 식감과 해물의 감칠맛, 국물의 시원함을 정점에서 즐길 수 있다.

## 만들기

**재료** 배추 2포기, 쪽파 20줄기, 문어 다리 2쪽, 전복 4개, 조기 2마리
**소금물** 물 2L, 소금 2.5컵
**양념** 실고추 3g, 마늘 15쪽, 생강 3쪽, 대파 2대, 소금 2큰술
**국물** 양파 1개, 배 1개, 무 ¼개, 물 3L, 황태머리육수 1컵, 소금 3.5큰술
※ 생조기 대신 조기액젓이나 멸치액젓, 까나리액젓을 넣어도 좋다. 그럴 경우 소금양을 조절한다.

1. 배추 겉면의 큰 잎을 12장 정도 떼어낸다. 남은 배추의 밑동 쪽에 15cm 정도까지 깊게 칼집을 넣고 손으로 잡아 반으로 가른다.
2. 분량의 소금물에 배추를 12시간 정도 절인다. 이때 떼어놓은 큰 잎들도 같이 절인다. 다 절여졌으면 2~3회 헹궈 물을 완전히 빼놓는다.
3. 생조기는 살만 발라 포를 뜨고, 머리와 뼈, 껍질 등 나머지 부분은 물을 넣고 끓여 육수 2컵을 만든다.
4. 문어 다리는 밀가루로 문질러 미끈거림이 없을 정도로 씻어 굵은 부분은 얇게 포를 뜨고 가는 부분은 3~4cm 길이로 썬다. 살짝 냉동시키면 포 뜨기 편하다.
5. 전복은 솔로 씻고, 칼을 사선으로 넣어 얇게 저민다.
6. 마늘과 생강, 대파는 가늘게 채 썬다.
7. 쪽파는 깨끗이 씻어 5줄기씩 묶는다. 머리가 굵으면 두드려 깨주거나 칼집을 넣는다.
8. 시판 실고추는 짧게 잘라둔다. 말린 고추를 쓸 때는 젖은 행주에 싸두었다가 뒷면의 과육 부분이 불으면 이 부분을 제거한 다음 말아 채 썰면 곱게 썰 수 있다.
9. 3에서 만든 조기육수에 6의 양념을 섞고 소금으로 간을 맞춘다.
10. 양념의 일부를 덜어 포로 떠놓은 조기와 문어, 전복을 양념한다.
11. 다시 남은 양념의 일부를 덜어 떼어놓은 큰 배춧잎을 버무린다.
12. 나머지 양념으로 배춧잎을 한 장씩 골고루 발라준 다음 도마에 자른 면이 위로 가도록 놓고 붙어 있는 밑동 부분을 썰어 버린다. 그리고 줄기 부분만 5~6cm로 두 번 썬다. 잎쪽은 쓰지 않는다.
13. 적당한 그릇에 큰 배춧잎을 2장 엇갈리게 깔고 12에서 썬 배추 줄기 두 개를 마주 보게 둥그런 모양으로 담고 고갱이 사이에 양념한 조기와 전복, 문어를 끼워넣고 큰 배춧잎으로 싼다.
14. 용기에 차곡차곡 담고 사이에 쪽파를 넣고 누름돌로 누른다.
15. 배와 무, 양파를 갈아 고운 체에 걸러 즙만 내어 물과 황태육수를 섞고 소금으로 간한다.
16. 14의 김치가 완전히 잠기도록 15의 국물을 부어준다.

## 혼식을 위한 1인용 보쌈김치

한 명이 한 번 먹을 수 있는 크기의 보쌈김치로 만들었다. 혼식용으로도 적당하지만 바이러스 때문에 음식 공유에 대한 두려움이 커진 요즘 개별적으로 먹을 수 있어 좋다. 절이고 양념하는 과정은 앞과 동일하다. 국물에만 고춧가루를 넣어 색과 맛을 더했다.

1   양념한 배추 줄기 부분을 5cm 길이로 썬다.
2   큰 배춧잎을 깔고 위에 1인이 한 번 먹을 수 있을 분량을 올린다.
3   위에 저민 문어와 전복, 조기를 올린다. 잘 감싸 말아서 용기에 담는다.
4   고춧가루를 체에 밭쳐 내려 국물을 만들어 3에 붓는다.

# 김치는 다른 음식의 재료가 된다

고추김치2로 만드는 반찬 7가지

"고추김치는 고춧잎을 많이 따다가 그늘에 말리되 비들비들해지면 손으로 비벼 말린다. 통무를 단지에 넣되 소금 수수의 고춧잎을 넣으며 또 동전을 넣어 잔뜩 봉하였다가 그해 명춘에 꺼내어 먹으면 좋다."

김치는 자체로 완성된 요리이자 또 다른 음식의 재료가 된다. 배추김치를 떠올려보자. 그대로 상에 올려도 완성된 반찬이지만 다른 재료와 같이 조리해 볶음밥, 빈대떡, 찌개, 볶음, 조림, 만두 같은 다양한 음식을 만들 수 있다. 김치의 특별하면서도 훌륭한 점이다. 〈반찬등속〉에 나오는 고추김치2도 마찬가지다. 말린 고춧잎을 불려서 무와 같이 소금으로만 김치로 담가 저장한다. 목적은 다음해에 먹기 위해서다. 겨울 동안 발효되니 맛도 더 좋아진다. 그것만 양념해서 무채나 장아찌, 고춧잎무침을 만들어 먹을 수 있지만, 더 좋은 것은 다른 재료와 섞고 조리해서 새로운 반찬을 만드는 것이다. 심지어 고추김치에 들어간 절인 무를 다시 간장이나 된장, 고추장에 박아 장아찌로 새로 만들 수도 있고 고춧잎은 탈염해서 김치로 담글 수도 있다.

가을에 담갔다가 이듬해 봄에 꺼낸 고추김치2

**짠무채 무침**

고추김치2의 무를 채 썰어 고춧가루로 색을 들이고 조물조물 갖은 양념을 한다. 비빔국수나 비빔밥에 넣어도 좋다.

**재료** 절인 무 한 토막, 양파 ½개, 쪽파 2 줄기
**양념** 고춧가루 2작은술, 다진 마늘 1작은술, 생강즙 ½작은술, 참기름 1작은술, 설탕 ½작은술, 통깨 1작은술, 식초 1작은술

1  고추김치2의 무를 5cm 길이로 채 썬다. 너무 짜면 찬물에 잠깐 담그거나 헹궈 꼭 짠다.
2  쪽파는 흰 부분은 다지고 파란 부분은 5cm 길이로 썬다.
3  양파는 채를 썬다.
4  채 썬 무에 먼저 고춧가루를 넣고 무쳐 색을 들인다.
5  다진 마늘과 생강, 설탕, 식초, 참기름을 넣고 조물조물한다.
6  쪽파와 채 썬 양파를 넣고 가볍게 무친다.
7  그릇에 담고 통깨를 뿌린다.

### 짠무 김밥

고추김치2의 무를 단무지 대신 넣어 건강한 김밥을 만든다. 설탕과 식초에 미리 담갔다가 사용하면 더 맛있다.

### 짠무 냉채

고추김치2의 무로 냉채를 만든다. 미리 무채를 썰어 찬물에 담가 놓으면 무에서 짠기와 맛 성분이 빠져나와 국물이 맛있어진다.

**재료** 절인 무 한 토막, 밥 1공기, 김 2장, 계란 2알, 녹색 채소 약간
**양념** 참기름 1큰술, 통깨 1큰술, 양념간장 약간, 식초 1큰술, 설탕 1큰술, 소금 약간

1  김을 원하는 크기로 자른다.
2  무를 0.5cm로 작게 깍둑썰기하거나 채로 썰어 식초와 설탕을 섞은 물에 10분 정도 담갔다가 꼭 짜준다.
3  밥에 참기름과 소금을 넣어 양념한다.
4  지단을 부쳐 굵게 채를 썬다.
5  녹색 채소는 씻어 물기를 제거하고 적당한 크기로 썬다.
6  김 위에 밥을 한 숟가락씩 올리고 위에 지단채와 무를 올리고 녹색 채소를 얹어 양념장에 찍어 먹는다.

**재료** 절인 무 한 토막, 냉수 2컵
**양념** 생홍고추 1개, 풋고추 1개, 마늘즙 ½작은술, 쪽파 2줄기, 식초 ½큰술, 소금 약간, 설탕 약간, 얼음 조각 3~4개

1  무를 채 썰어 분량의 냉수에 1시간 정도 담가놓는다.
2  1의 냉수의 맛을 보아 싱거우면 소금으로 간을 맞춘다.
3  설탕, 식초를 섞어 맛을 내고 마늘은 즙만 짜서 넣는다.
3  그릇에 채로 썬 무를 넣고 3의 물을 부어 얼음을 띄운다.
4  파와 고추의 끝쪽 가는 부분만 송송 썰어 띄운다.

**된장 무장아찌**
고추김치2의 무를 된장에 다시 박아 된장 향과 맛이 있는 장아찌를 만든다.

**짠무 냉소면**
무로 새콤하게 냉채를 만들고, 삶은 소면을 말아 깔끔한 맛의 냉소면을 만든다.

**재료** 절인 무 3개
**양념** 된장 600g, 조청 2큰술
1  고추김치2에서 무만 꺼내 상온에서 1~2일간 말린다.
2  된장에 조청을 섞어 절임장을 만든다.
3  무를 길게 4조각으로 썰어 2의 된장으로 버무린다.
4  용기에 담고 남은 된장으로 위를 덮어 냉장고에 넣어둔다.
5  3주 지나, 먹을 때 된장을 씻어내고 물에 담가 탈염해서 파와 마늘, 설탕, 참기름, 고춧가루, 깨를 넣고 양념하여 먹는다.

**재료** 절인 무 한 토막, 소면 1인분, 고명용 미나리 약간, 지단채 약간
**양념** 식초 1큰술, 소금 약간, 설탕 약간, 얼음 3~4개
1  무를 5cm 길이로 채 썰어 찬물 2컵에 담가놓는다.
2  1의 찬물의 맛을 보고 싱거우면 소금으로 간을 맞춘다.
3  2의 국물에 설탕, 식초를 섞어 맛을 낸다.
4  미나리는 줄기만 데쳐 물에 헹궈 꼭 짜서 5cm 길이로 썬다.
5  지단을 부쳐 5cm 길이로 채 썬다.
6  국수를 삶아 찬물에 헹궈 물을 빼고 그릇에 담는다.
7  6의 국수 위에 무를 꼭 짜서 올리고 미나리와 계란 지단을 올린다.
8  3에서 만들어놓은 국물을 7의 국수에 붓고 얼음을 띄운다.

## 고춧잎 김치

고추김치2 안에서 1년 동안 푹 삭힌 고춧잎으로 다시 김치를 담근다. 새로운 풍미가 있다. 보름나물처럼 양념해 볶아도 좋다.

## 짠무 된장찌개

된장찌개를 끓일 때 고추김치2에 들어간 무를 넣으면 의외로 맛있다.

**재료** 고추김치2의 삭힌 고춧잎 400g

**양념** 고춧가루 1/2컵, 다진 마늘 2큰술, 다진 생강 1작은술, 쪽파 10줄기, 배 1/2개, 양파 1/2개, 찹쌀풀 2큰술, 까나리액젓 2큰술, 통깨 3큰술, 매실청 1큰술, 소금 약간, 설탕 2큰술

1  고춧잎을 찬물에 담가 짠기를 뺀다. 지나치게 빼면 맛이 없어지니 가볍게 물에 헹구거나 30분 정도 물에 담가둔다. 탈염한 뒤 꼭 짠다.
2  모든 양념을 믹서에 넣고 갈아 양념을 만든다. 고춧잎에 짠맛이 남아 있기 때문에 양념은 약간 싱거운 듯한 것이 좋다.
3  고춧잎은 쓴맛이 있으므로 다른 김치에 비해 설탕이나 매실청을 넉넉히 넣는 것이 좋다.
4  1의 고춧잎을 양념에 버무린다. 맛을 보아 싱거우면 소금간을 한다.
5  마지막으로 통깨를 섞는다.

**재료** 절인 무 한 토막, 차돌박이 50g, 두부 1/2모, 냉이 한 줌, 팽이버섯 한 줌, 청양고추 1개, 멸치 한 줌, 다시마 한 조각, 물 2컵

**양념** 된장 2큰술, 고춧가루 1/2작은술, 다진 마늘 1큰술, 파 1대, 소금 약간

1  물에 멸치와 다시마를 넣고 끓여 육수를 만든다.
2  무는 납작하게 썬다.
3  두부는 깍둑썰기하고 청양고추와 파는 숭숭 썬다.
4  냉이와 버섯은 깨끗이 씻어 다듬는다.
5  멸치육수에 짠무와 버섯, 고추를 넣고 끓인다.
6  끓으면 된장을 풀고 소금이나 간장으로 간을 맞춘다.
7  차돌박이와 두부, 파, 마늘을 넣고 한소끔 끓인다.
8  마지막으로 냉이를 넣고 끓어오르면 불을 끈다.
9  그릇에 담고 위에 고춧가루를 뿌린다.

# 100년 후 오늘, 후손들의 김치

**존재하는 것들의 현재는 다시 역사가 된다**

〈반찬등속〉의 저자 밀양 손씨는 슬하에 아들 하나 딸 하나를 두었고,
아들 강수영 씨는 아들 둘과 딸 하나를 두었다.
세 분의 후손들이 담근 김치를 만났다. 역사는 전통을 남겼고, 후손들은
그것에 생명을 불어넣어 오늘의 역사를 쓴다.

# 유묘순의 열무김치

**60여 년 전 친정 어머니께 배운 그대로 담갔습니다**
**밀양 손씨의 손녀 강청자의 외손녀**

열무김치는 친정어머니께 배웠습니다. 처녀 때도 어머니를 도와 집안일을 했던 터라 잘 기억하고 있습니다. 청주에서 살다 청주로 시집왔으니 음식이 크게 달라지지 않았습니다. 그래서 지금까지 열무김치는 친정어머니께 배운 대로 담급니다.

이 열무김치는 우리 아이들이 정말 좋아합니다. 막내는 임신하고 입덧했을 때 내내 이 열무김치에 밥이나 국수를 비벼 먹었습니다. 다른 음식은 입도 못 댔는데 말입니다.

이 김치는 무엇보다 연한 열무를 쓰는 것이 좋습니다. 오늘 쓰는 열무는 좀 억셉니다. 연하면 한 번만 썰어 길게 담그는데, 오늘은 두 번 썰었지요. 소금에 절이지 않고 바로 양념합니다. 열무의 뿌리는 잘라냅니다. 깨끗해 보여도 흙에서 자란 것들은 흙이 묻어 있을 수 있으니 물에 잠시 담갔다가

서너 번 흔들어서 잘 씻습니다. 절이지 않아 다시 헹굴 일도 없으니 처음에 깨끗이 씻어야 합니다. 양파는 곱게 채 썰고 당근도 채 썰어줍니다. 쪽파도 많이 넣습니다. 크게 두 움큼 정도 넣었습니다. 마늘도 듬뿍 넣고 생강은 갈아서 즙만 넣습니다. 생강이 씹히는 걸 다들 싫어하니까요. 풀은 찹쌀로 묽게 쑤고 생고추를 갈아 씁니다. 모자라면 고춧가루를 같이 넣어도 됩니다. 생고추를 쓰면 색이 곱지요.

양념에 물이 금세 생깁니다. 보통은 열무를 한 켜 깔고 국자로 양념을 떠서 위에 붓고 다시 열무를 까는데 오늘은 열무가 억세서 한 움큼씩 집어 조금씩 버무려서 김치통에 넣을 겁니다. 살살 흔들 듯이 무치세요. 힘주어 비비면 풀내가 납니다. 실온에 하루 반 정도 두고 냉장고에 넣어 사흘 정도 뒤에 먹으면 됩니다. 절이지 않고 담가 물이 많이 생기지요. 반찬으로 먹기도 하지만 국수나 밥을 비벼 먹기도 좋습니다. 딸들이 개운하고 시원하다고 합디다. 지들이 담그면 똑같이 해도 왜 엄마 김치처럼 시원하면서도 깊은 맛이 안 나냐고 투덜댑니다.

환갑 지나 갑자기 남편이 사망하고 제가 너무 힘들어하니까 딸들이 뭐든지 해서 억지로라도 기운을 내보라고 했습니다. 그래서 찐빵과 만두, 칼국수 파는 가게를 살던 집 1층에 낸 적이 있습니다. 딸이 매일 새벽에 장을 봐다 주면 그거로 음식을 만들었습니다. 처음 해보는 장사였지만 한번 먹어본 사람들이 맛있다고 멀리서도 찾아올 정도로 나름 유명해졌습니다. 나중에는 서울에서도 주문이 왔지요. 2년쯤 하고 힘이 부쳐 그만두었습니다. 그때도 직접 김치를 담가 손님들에게 냈습니다. 다들 좋아했지요. 만두도 직접 담근 김치로 만들었으니 맛있을 수밖에요.

집안일에서 손을 놓아 칼 잡은 것도 오랜만입니다. 옛날에는 애들 다섯 집 모두 김장까지 다 해줬는데, 이제 힘이 없어요. 다들 청주나 근방에 살아서 주말에는 모여서 농사도 짓고 직접 기른 농산물로 같이 김치도 담그고 김장도 같이 합니다. 넷째가 중심이 되어 하지요. 솜씨가 아주 좋아요. 막내가 담근 김치는 맛도 모양도 제가 담근 것과 비슷하고요. 오늘은 철이 아니라 열무는 샀지만 다른 때는 기른 것으로 담급니다. 오늘 쓴 쪽파만 아이들이 직접 키운 겁니다.

## 만들기

**재료** 열무 1단, 양파 1개, 홍당무 ½개,
쪽파 2줌

**양념** 붉은 고추 20개, 마늘 5통, 생강 5쪽,
찹쌀풀(찹쌀가루 3큰술, 물 1L), 소금 3큰술

1. 열무를 다듬어 4~5번 깨끗이 씻는다. 풋내가 나지 않도록 살살 흔들어 씻어 물기를 뺀다.
2. 열무의 뿌리는 잘라내고 상태에 따라 2~3등분으로 썬다.
3. 물 1L에 찹쌀가루 3큰술을 넣고 풀을 쒀 식힌다.
4. 양파와 당근은 채를 썬다.
5. 쪽파는 3cm 길이로 썰고, 마늘과 생강은 믹서에 간다.
6. 생고추는 물을 조금 넣고 믹서에 간다.
7. 위의 재료를 모두 섞고 소금으로 간을 맞춰 양념을 만든다. 생강은 즙만 짜서 넣는다.
8. 김치통에 열무 한 켜 깔고 양념 한 국자 넣고 다시 열무 한 켜 깔고 양념 한 국자 넣는 식으로 반복해 담고, 마지막에 남은 양념을 모두 쏟아 붓는다.
9. 상온에서 하루 정도 두었다가 냉장고에 넣고 2~3일 후부터 먹는다.

# 김민서의 배추김치

소금이 김치 맛의 절반입니다
청주 상신동에 거주하는 강씨 집안 며느리

시집와서 같이 살면서 어머님께 김치 담그는 법을 배웠어. 아가씨 때야 어디 집안일을 했나. 친정은 멀지 않아. 병천이야. 같이 살던 시동생들이 하나둘씩 결혼해 분가하게 되니까 어머님과 함께 김장을 해서 나눠 주기 시작했어. 그렇게 시작한 게 벌써 30년도 더 된 것 같아. 15~16년 전부터는 시누이도 와서 같이 하고. 지금은 시누이 쪽에 3집, 서울 3집, 수진이네 3집, 과천 막내, 뭐 김장 해주는 집이 한 열 집 되나. 매년 김장 때마다 배추는 한 400포기, 무김치와 동치미도 400kg 이상은 하는 것 같아. 일주일 전부터 시누이와 준비하기 시작해. 무김치와 동치미는 미리 끝내서 40kg씩 봉투에 담아 묶어놔. 가져가기 좋게. 그리고 당일에 배추김치를 해놓으면 다들 통을 갖고 와서 담아 가. 김장 때는 완전 장관이야. 무슨 김치 공장이 따로 없지. 씻고 절이고 다듬을 때는 동네 분들이 많이들 도와주셔. 품앗이라고. 서로 돕는 거지. 맛볼 만큼씩 서로 김치를 나누어 먹기도 하고. 그 많은 배추와 무를 씻고 절이고 헹구는 것이 엄청나게 큰일이잖아. 동네 분들이 도와주지 않으면 할 엄두도 못 내지.

우리는 양념을 많이 쓰지 않아. 무채도 거의 안 넣어. 배추 3포기에 무채는 무 $\frac{1}{4}$개 정도 넣어. 대신 그 분량만큼 갈아서 양념에 넣지. 무채 같은 양념이 많으면 오히려 먹을 때 귀찮잖아. 막상 먹을 때는 긁어내니까. 무채를 많이 안 넣으면 김치찌개를 끓여도 깔끔해. 젓갈은 새우젓만 써. 멸치젓 같은 것들도 넣어봤는데 김치 색이 나빠지더라고. 그렇다고 맛이 월등히 좋아지는 것도 아니고. 새우젓의 깔끔하고 구수한 맛만 살리는 거지. 배와 사과와 양파를 갈아 넣으니 설탕이나 매실청 같은 것들도 전혀 넣지 않아. 대신 고춧가루는 칼칼한 맛을 살리기 위해 10분의 1 정도는 청양고춧가루를 써. 육수는 황태와 다시마, 건새우로 만드는데 팩으로 나오는 것을 끓여서 쓰기도 하고. 어머니께서 대파를 넣으면 빨리 시어진다고 하셔서 아예 쓰지 않고 대신 쪽파는 충분히 넣어줘.

김치 맛을 낼 때 제일 중요한 것은 소금이야. 그래서 좋은 천일염을 사서 3년 정도 묵혀 간수를 충분히 뺀 다음에 써. 일부는 물에 녹이고 일부는 배추에 직접 뿌려 하룻밤, 그러니까 12시간 정도 푹 절이고 헹궈 물을 완전히 빼줘. 다음에 중요한 것은 양념을 바르는 방법이야. 양념을 넣는 게 아니라 배춧잎 한장한장 꼼꼼히 구석구석 발라주는 거야. 잎사귀 하나하나 접히는 데 하나 없이 말이지. 고갱이의 작은 잎사귀에도 다 양념을 발라줘야 해. 그래야 더 맛있어.

김장은 상온에서 사흘 정도 두었다가 냉장고에 넣어. 다들 하루 정도 밖에 두는데 그러면 배추 냄새가 나더라고. 그래서 나는 밖에서 더 숙성시키는 거지.

우리는 무김치, 그러니까 다른 집에서 담그는 총각김치는 알타리무로 담그지 않아. 늦게 심어서 손바닥만큼 자라면 그 잔무들을 뽑아서 쭉쭉 뽀개서 담가. 훨씬 더 맛있거든. 옛날부터 그렇게 담갔으니까. 그 무로 동치미도 담그고. 변덕이 나면 파김치, 갓김치까지 하고.

여긴 촌이니까 배추니 고추니 직접 키워서 써. 남편이 힘들어해 언제까지 농사를 지을 수 있을지는 모르겠어. 나도 요즘 새로운 일을 시작해서 바쁘기도 하고. 언제까지 김장을 해줄 수 있을까 생각해봤어. 근데 남편이 배추 농사를 짓는 동안에는 해주지 않을까 싶네. 김장철이 되면 자식들이나 형제들, 조카들이 다 들르니까 기쁘지. 줄 수 있으니까.

## 만들기

**재료** 배추 3포기, 쪽파 한 줌, 무 ½개, 갓 반 단, 절임용 소금 2.5컵(물 2L)

**양념** 고춧가루 500g(일반 고춧가루 450g, 청양고춧가루 50g), 마늘 5통, 생강 3쪽, 배 ½개, 사과 ½개, 양파 1개, 찹쌀풀(찹쌀 3큰술, 물 1L), 새우젓 5큰술, 해물육수 2컵, 소금 1큰술

1. 배추는 반을 갈라 소금물을 타서 12시간 절인다. 중간에 절여지지 않은 부분에만 소금을 조금씩 더 뿌려준다.
2. 배추를 헹궈 물을 완전히 빼고 다시 반을 가른다.
3. 황태와 다시마, 마른 새우로 육수를 만들어 식힌다.
4. 찹쌀 3큰술을 불려 풀을 쑨다.
5. 마늘과 생강은 다진다.
6. 사과, 양파, 배, 무 ¼개를 믹서에 넣고 간다.
7. 쪽파와 갓은 4~5cm 길이로 썰고 무 ¼개는 같은 길이로 채 썬다.
8. 다진 마늘과 생강에 사과와 양파, 배, 무 간 것, 찹쌀풀, 육수, 고춧가루, 새우젓을 넣고 소금으로 간을 한다.
9. 8의 양념에 갓과 무채, 쪽파를 섞는다.
10. 배추잎 한 장씩 꼼꼼하게 양념을 골고루 바른 다음 전체적으로 가지런히 해서 끝을 접어 올린다.
11. 김치통에 꼭꼭 눌러 담은 후 상온에서 사흘 정도 두었다가 김치냉장고에 넣는다.

# 이영애의 나박김치

**절인 소금물을 버리지 않고 국물로 잡습니다**
**밀양 손씨 손자 강규형의 며느리**

우리 집안 제사상에는 나박김치가 항상 올라가니까 평생 제사 앞두고 젤 먼저 하는 일이 나박김치를 담그는 거였어. 기껏 담가도 많이 올리지도 않아. 작은 그릇에 딱 한 그릇 올리는 거지. 나는 다들 제사상에 나박김치를 올리는 줄 알았어. 그런데 이사와 보니까 여기 사람들은 다른 김치를 올리대. 그래서 아 다른 지방은 그런가 보다 하지. 옛날에는 제사상에 올리기 위해 담갔는데, 지금은 제사를 지내지 않아도 우리 애들이 좋아하니까 담가. 집안일에서 손을 놓은 지 오래되었지만 아이들 나박김치는 담가주고 싶어. 그래서 얼마 전에도 담가서 막내딸에게 큰 통으로 하나 보냈어. 내 나박김치를 정말 좋아하거든.

언제부터 내가 나박김치를 담그기 시작했는지 생각이 나지 않아. 그냥 오래전부터 담근 것 같아. 어떻게 해서 이렇

게 담갔는지도 기억나지 않아. 그냥 이렇게 담갔어. 뉴슈가는 나중에 쓰게 되었지. 설탕을 넣으면 끈적거리니까.

　일반 배추를 쓰면 겉잎은 반 이상 떼어내고 안쪽의 노란 고갱이 부분만 쓰는 것이 맛있어. 알배추로 나오는 것은 겉의 지저분한 잎만 떼어내고 쓰고. 무도 납작하게 썰어서 같이 소금에 절여. 뉴슈가는 이때 넣어주는 거야. 많이 쓸 필요도 없어. 한 꼬집 정도 넣어주면 돼. 절이는 거는 배추가 숨이 죽을 정도면 돼. 여름이면 빨리 절여지고 겨울에는 좀 늦게 절여져. 배추김치를 담글 때처럼 그렇게 절일 필요는 없어. 절이고 나서 그 소금물은 버리지 마. 왜 버려? 깨끗한데. 거기에 무와 배추의 진국이 다 나와 있는데. 그대로 거기에 양념을 하면 돼. 절인 배추와 무도 헹구지 마. 그러는 게 아니야.

　고춧가루는 고운 것이 좋지만 없으면 양념과 같이 믹서에 갈아. 풀은 뭉치는 것 없이 아주 묽게 쑤고. 나중에 물을 부어서 국물을 만들 때 살짝 뿌연 느낌이 나는 정도면 돼. 찹쌀보다는 밀가루가 좋고. 국물을 만들 때는 아주 고운 체가 필요해. 나중에 나박김치에 고춧가루나 마늘이 둥둥 떠다니면 안 되니까. 없으면 삼베 주머니에 넣고 물 안에서 주물러줘. 국물은 그냥 물을 넣어도 되지만 양파나 배, 무 같은 것을 갈아 즙을 내어 섞어주면 더 좋지. 근데 간만 잘 맞고 잘 익히면 그냥 물만 넣어도 맛있어. 배추나 무, 사과에서 맛이 빠져나오니까. 그래서 건더기가 너무 없으면 국물도 맛이 없어. 국물 반, 건더기 반 정도가 좋아. 사과는 껍질을 벗겨서 무처럼 썰어줘. 참, 다 담갔는데 맛이 없다, 그러면 사이다를 넣어. 하루이틀 지나서 넣어도 돼. 그냥 임시방편이야.

　이거 말고 내가 잘 담그는 김치는 동치미야. 충청도 사람들은 동치미에 고추를 삭혀서 넣어. 옛날에 먹을 것이 없을 때는 한밤중에 동치미를 꺼내 쭉쭉 쪼개 간식으로 먹기도 했어. 이빨 안 난 아기들 손에 쥐여주면 몇 시간이고 빨아 먹지. 우리 첫째는 동치미에 들어간 지고추만 다져 들기름에 볶은 것을 정말 좋아해. 거기에 밥 비벼 먹으면 정말 맛있어. 칼국수에 넣어 먹거나 만두를 만들기도 하고. 김치 하나로 별별 것을 다 만들어 먹었는데, 그때가 재미있었지.

## 담그기

**재료** 무 1개, 알배추 1포기, 사과 1개, 쪽파 반 단, 미나리 1단, 절임용 소금 2큰술
**양념** 고춧가루 1.5큰술, 다진 마늘 2큰술, 다진 생강 1큰술, 밀가루풀 5큰술, 소금 2.5큰술, 뉴슈가 1작은술, 설탕 1큰술, 물 2L

1. 배춧잎을 한 장씩 떼어서 씻는다.
2. 배추 큰 잎은 반을 갈라 5cm 길이로 썰고 작은 잎은 그대로 썰어 분량의 소금과 뉴슈가를 넣어 절인다.
3. 무는 깨끗이 씻어 나박썰기해서 2의 배추 절인 데에 섞어 같이 절인다. 3시간 정도 숨이 죽을 정도로 절인다.
4. 사과는 껍질을 벗겨 나박썰기한다.
5. 미나리의 잎은 다 떼어내고 줄기만 남겨 깨끗이 씻어 5cm로 썬다.
6. 마늘과 생강, 고춧가루, 밀가루풀을 믹서에 넣고 간다.
7. 절인 배추와 무 위에 그대로 6의 양념을 고운 체에 밭쳐 걸러 내린다. 분량의 물을 고운 체 위에 계속 부어 내려준다. 거르고 남은 고춧가루는 버린다.
8. 마지막으로 소금과 설탕으로 간을 맞춘다.
9. 한나절 정도 실온에 두었다가 냉장고에 넣는다.

# 조기로드, 서해안에서 청주까지

〈반찬등속〉의 김치 아홉 중 일곱에 조기가 들어간다. 명절 선물로 할 만큼 비싸고 귀했던 조기가 어떻게 일상의 김치에 흔하게 쓰이게 되었을까. 그것도 내륙지방인 청주, 운송수단도 냉장시설도 발달하지 않았던 1910년 전후에 말이다.

# 서해안 조기는 어떻게 청주의 김치 속으로 들어왔을까

1934년 청주에서 태어나고 성장하신 부모님에게 생선은 고등어자반과 조기뿐이다. 고등어자반은 호박잎에 싸서 짚불에 구웠고 조기는 굽거나 쪄서 제사상에 올리거나, 외람되게도 김치에 넣었다. 부모님에게 고등어자반은 맛있는 반찬이었고 조기는 여유 있는 밥상의 상징이었다. 어머니가 "참 부자였지"라고 말하는 우리 할아버지의 누님 댁 밥상에는 "항상 상에 조기가 올라와 있었다"고 한다. 손녀인 육촌 언니의 기억도 같다.

"어려서 우리 집 김치에는 조기가 들어 있었다. 손가락 크기만 한 조기살이 두툼하게 잘려 들어갔는데, 젓가락으로 그것만 골라 먹었다."

언니(김난희, 밀양 손씨의 손녀 강청자의 손녀)가 기억하는 김치에 들어간 조기는 굽거나 튀긴 것보다 살이 더 단단하고 쫄깃했다. 김치가 발효하면서 생긴 산이 단백질을 응고시키고 김치의 염분이 조기살에서 수분을 탈수시켜 육질이 단단해져 쫄깃한 식감이 생긴 것이다. 물론 시간이 더 지나면 조기는 맛난 영혼을 김치에게 양보하고 자신은 살신성인, 점점 삭아 흔적이 옅어진다.

조기가 들어간 김치의 추억은 나에게도 있다. 70년대 초중반만 해도 김장은 집집마다 아주 중요한 연례 행사였다. 보통 배추김치 100포기 이상에 동치미도 몇 동이씩 하니 큰돈이 들어가고 해마다 작황이나 포획량에 따라 물가가 요동치니 늘 예산이 빠듯했다. 우리 부모님은 배추나 무, 고춧가루 같은 필수 재료는 어쩔 수 없으니 젓갈이나 해물로 예산을 맞추셨다. 그러다 보니 매년 우리 집 김장에는 똑같은 젓갈이나 해물이 들어가지 않았다. 해마다 부모님은 김장철이 되기도 전에 소래포구에 가셨는데 가격에 따라 갈치나 오징어, 황석어젓, 새우, 새우젓, 명태 등을 사서 오셨다. 어느 때는 빈손으로 돌아오시기도 했다. 그런 때는 새우젓조차 극도로 작은 양, 어머니의 표현대로 넣는 시늉만 하거나 냄새만 피울 정도의 적은 양이 들어가기도 했다. 그때마다 어머니가 하시는 말씀이 있었다.

"니네 할머니는 조기를 넣으셨는데…."

"어떤 집은 쇠고기도 넣는다는데…."

그러다 어느 해인가, 드디어 내내 말씀하시던 조기를 김장김치에 넣을 수 있었다. 나는 조기를 김치에 넣는다는 말에 먹다가 생선대가리가 나올까봐 무서웠다. 다행히 어머니는 살만 발라 다지고 나머지는 끓여 육수로 만들어 넣으셨으니, 실제로는 대가리는커녕 뼈도 구경 못했다.

김치에 들어간 조기의 기억은 우리 집안에서도 드문드문 가늘게 이어질 뿐이다.

1910년 공주 공산성에서 내려다 본 금강. 강경을 출발한 돛단배는 공주를 지나 부강으로 향했다. ⓒ〈한국풍경사진첩〉(경성일한서방, 1910)

강경 앞을 흐르는 금강은 밀물 때는 100섬 규모의 큰 배가 드나들 수 있을 정도로 수심이 깊어졌다. ⓒ충남도청

부강나루는 금강의 가항 종점이자 충북 내륙으로 향하는 물류의 시작점이었다. 강경에서 부강까지는 주로 50섬 규모의 돛단배를 이용했다.

강경은 18세기 후반부터 대포구로 발전했다. 성어기인 3~6월에는 하루 100여 척의 크고 작은 배들이 드나들었다. ⓒ충남도청

## 조기, 금강을 따라 상신에 오다

〈반찬등속〉의 고향 청주 상신동은 높은 산이 없어 시야가 시원하다. 마을 쪽으로 나지막한 야산이 있고 반대편으로 미호천이 흐른다. 지금은 인근까지 산업단지가 들어와 있어 풍경이 많이 달라졌지만 어려서 상신, 그러니까 방축골(당시는 이렇게 불렀다)은 논이 넓게 펼쳐진 마을이었다. 이곳은 증평, 진천, 조치원, 부강과 함께 청주평야로 불리는 충북 최대의 곡창 지대다. 충북은 우리나라에서 유일하게 바다를 접하고 있지 않다. 여기까지 이야기하면 청주 지역은 바다 생선인 조기와 전혀 관련이 없어 보인다. 그래서인지 서혜경은 논문 '우리나라 젓갈의 지역성 연구 1'의 조사 지역에서 아예 충북을 배제했다. 내륙지방이니 젓갈을 쓰지 않았으리라 판단한 것이다.

그런데 〈반찬등속〉은 이 선입견을 완전히 뒤집는다. 이 책에 등장하는 김치 9종 중 7가지에 조기가 들어간다. 뿐만 아니라 새우젓과 문어, 전복 같은 다양한 해산물도 김치에 넣는다. 심지어 조기에 정통한 듯 김치 종류에 따라 조기의 처리 방법도 바꾼다. 난도하거나 찢거나 썰거나. 김치류뿐만 아니라 간장으로 만드는 짠지에는 북어와 홍합이 들어간다. 이쯤 되면 고개를 갸웃하지 않을 수 없다. 어떻게 이리 흔하게 1910년 전후 내륙지방 청주에서 조기와 전복 같은 해물을 쓸 수 있었을까.

해답을 찾는 출발은 상신 마을 앞을 흐르는 미호천이다. 미호천은 금강의 지류로 상신동 인근에서 무심천과 합쳐져 부강, 공주, 부여, 강경, 군산을 거쳐 서해안으로 흘러간다. 물론 연어가 강을 거슬러 올라오듯, 조기가 미호천까지 헤엄쳐 올라오거나 조기 실은 배가 이곳까지 운항한 것은 아니다. 그건 지금도, 〈반찬등속〉이 쓰인 1910년 전후에도 마찬가지였다. 상신 마을 앞 미호천은 폭도 좁고 바닥도 높아 큰 배가 운항할 수 없다. 내가 말하고 싶었던 것은 미호천의 본류인 금강이다. 말하자면 당시 금강은 지금의 고속도로와 같았다.

18세기 이후 조선 시대의 탁월한 운송 수단은 선박이었다. 최완기의 논문 '조선 후기 강경포구에서의 선상활동'에 의하면 조선은 임진왜란과 병자호란, 양란 이후 상업이 발전하면서 해로와 육로를 연결하는 운송체계를 발전시켰다. 동해와 남해, 서해를 뱃길로 연결하고, 이 뱃길들은 큰 강 하구에 형성된 포구에서 내륙으로 연결된다. 이 포구에 연결된 것은 강뿐만이 아니었다. 조선 중후반 이후 가설된 전국 9개 주요 간선도로까지 직간접적으로 연결되었다. 삼면이 바다에 둘러싸여 있고 내륙에는 크고 작은 강이 흐르고 국토의 70%가 산인 우리나라에 맞게 바다 - 강 - 육로로 연결하는 효율적인 운송체계가 구축되었던 것이다.

말하자면 이렇다. 동해의 북어를 다른 지역에 운송한다고 가정해보자. 수레에 싣고 태백산맥을 넘는 것보다 배에 실어 남해와 서해를 항해해 목적지 가까운 포구로 옮기는 것이 더 쉽다. 여기서 목적지가 청주라고 생각해보자. 육로로 운송하면 태백산맥, 소백산맥 같은 험준한 산을 넘어야 한다. 말이나 소가 끄는 수레로 옮겨도 쉽지 않다. 그것보다는 큰 배에 실어 남해를 거쳐 서해 어딘가의 포구로 나르고, 이 포구에서 다시 작은 배로 옮겨 강을 따라 청주 가까운 포구로 옮긴다. 강의 포구에서 청주까지는 발 빠른 부상들이 시골 장터로 옮긴다. 뭔가 체계적이고 효율적이지 않은가. 청주의 경우 '서해 어딘가의 포구'는 강경이었고, '큰 강'은 금강, '강의 포구'는 부강이었다. 정용문의 논문 '18·9세기 강경장의 중계 상업 기능'에 의하면 부강에서 청주 시장으로 수송한 이들은 예덕과 저산, 육군의 상무사로 추정한다. 이들은 부강의 객주에 도착한 외지 물품을 청주뿐만 아니라 문의, 보은, 청산 등 충청도 내륙 안쪽까지 전달했다.

부강은 청주 서남쪽, 지금의 세종시에 있다. 포구터(포구는 강 중앙에 형성된 섬 딴만들에서 1860년 이후 마을 앞 구들기 나루터로 바뀌었다)에서 청주까지는 20km다. 차로는

30분 정도, 성인의 보통 걸음으로는 대여섯 시간 정도 걸린다. 당시 부강에 장시가 열리는 날에는 100여 척의 배가 드나들었다. 쌀 50섬 정도를 실을 수 있는 크기의 돛단배였다. 지금의 부강은 강의 깊이가 얕아 바닥이 드러날 정도다. 어느 시절 그곳이 포구였다는 것을 믿기 어렵다. 흔적조차 남아 있지 않다.

〈100년 전 충북의 옛모습〉의 표에는 부강에서 유통된 물품의 양과 가격 등이 기록되어 있다. 1909년 강경에서 부강으로 수입된 물품 목록에 조기가 들어 있다. 그해 조기는 6,000마리가 강경을 통해 부강으로 들어왔다. 조기 외에도 고등어, 북어, 소금, 석유, 쌀, 보리 등이 수입되었다. 역으로 부강에서 콩, 남초(담뱃잎), 면화, 무명, 소, 땔나무 같은 지역 생산품이 강경을 통해 다른 지역으로 수출되었다.

당시 청주 읍내장으로 물건이 유입되는 경로는 강경 - 부강 이외에도 인천 - 둔포 - 진천 - 병천 경로가 있었다. 〈근대 조선의 경제 구조〉에 의하면 이미 청주는 1902년 경에는 충북 제일의 화물집산지로 성장해 그 영향권의 범위가 문의, 회인, 진천, 청안까지 이르렀다고 한다. 1909년경 청주 읍내장은 365개소의 점포가 열리고 노점상과 보부상 258명이 참가하는 큰 장시로 발달했다. 장날에는 평균적으로 8,500명이 장을 보러 왔다. 주로 거래되는 물건은 쌀, 보리, 대두, 소두, 소 등이었다. 앞의 책 〈100년 전 충북의 옛모습〉의 35쪽에 실린 충북 지역 물가표에는 청주에서 매매된 조기와 북어, 고등어, 문어 같은 해산물의 시세가 적혀 있다〈표 4〉. 돈만 있으면 청주에서 이들 해산물을 얼마든지 구할 수 있었다는 이야기다.

아버지는 "상신 사람들은 청주장뿐만 아니라 멀리 부강장까지 다녔다"고 한다. 나이 있으신 집안 어른들은 장날이면 손수레 가득할 정도로 조기를 사와 집안은 물론 마을 사람들하고 나누어 먹었다고 기억한다.

### 조선 중후기 이후 서해안 물류의 중심지, 강경

내륙의 청주로 조기와 다른 해물이 올 수 있었던 운송 체계의 중심은 강경이었다. 강경은 조선 후기에는 전국 2대 큰 포구 중 하나이자, 평양과 대구와 함께 3대 시장이 열리

### 〈표 4〉 충북지역의 물가표

〈100년 전 충북의 옛모습〉 p35~37의 표 재구성

| 품명 | 단위 | 가격 (단위 엔) | | | |
| --- | --- | --- | --- | --- | --- |
| | | 청주 | 영동 | 충주 | 제천 |
| 석어(조기) | 10미 1백목 | .600 | .100 | .350 | .300 |
| 북어 | 10미 1백목 | .100 | .200 | .120 | .200 |
| 고등어 | 10미 1백목 | .600 | .100 | .075 | .250 |
| 문어 | 10미 1백목 | .750 | .700 | 1.500 | .500 |
| 경백미(흰쌀) | 1석 | 13.500 | 12.000 | 13.000 | 8.500 |
| 대두(콩) | 1석 | 4.000 | 6.000 | 5.000 | 5.000 |

는 곳이었다. 점포는 평균적으로 900개였으며 장이 열리면 보통 7,000여 명이 모였다. 3~6월 성어기 4개월 동안은 하루 100여 척의 크고 작은 배가 드나들었다.

이중환의 〈택리지〉는 당시 강경을 이렇게 묘사했다. "은진 강경은 봄여름 동안 생선을 잡고 해초를 뜯을 때는 비린내가 마을에 넘치고 바다 사람과 산골 사람이 모두 물건을 내어 교역하는 곳으로 충청도와 전라도의 육지와 바다 사이 그리고 금강 남쪽 들녘 가운데 하나의 큰 도회다."

조선 최대의 포구였다고? 근데 왜 바다가 없는 거야? 지금의 강경에서 생기와 활력이 넘치는 포구의 모습을 연상하기는 쉽지 않다. 그럼 내륙의 도시 강경은 어떻게 조선 최대 포구이자 최대 장시가 열리는 곳이 되었을까. 나는 독일 함부르크를 떠올리며 이해했다. 함부르크는 독일 최대의 무역 도시지만 바다에 접해 있지 않고 북해에서 엘베강을 따라 한참 들어온 내륙 안쪽에 있다. 이곳에는 지금도 커다란 선박과 물류 창고가 가득하다. 엘베강은 도저히 강이라고 생각할 수 없을 정도로 크지만 물결은 비교적 잔잔하다. 이것이 포구로 발전할 수 있었던 기본적인 이유다. 큰 배가 운항할 정도의 깊고 넓은 강, 내륙 안쪽에 있으니 태풍이나 바람, 조류의 영향도 크게 받지 않아 배를 안전하게 정박시킬 수 있다. 도시를 안고 있으니 노동력도 풍부하다.

게다가 강경 배후에는 든든한 상업 도시들이 있었다. 이영호의 논문 '19세기 은진 강경포의 상품유통구조'에 의하면 강경은 공주, 전주를 잇는 중부 상권의 트라이앵글이었다. 공주는 충청남도 감영이 있어 행정 시장권이 형성되어 있었고 대형 약령시가 정기적으로 열렸다(지금도 공주 오일장은 크고 볼거리가 많다). 전주는 중국이나 일본의 무역품까지 매매되던 번성한 곳이었다.

그뿐이 아니다. 강경의 인근에는 전라도의 나주평야와 김제평야, 충청도의 청주평야 같은 우리나라 최대의 곡창지대가 자리 잡고 있었다. 이 지역의 풍부한 농산물은 다른 곳으로 유통할 수 있는 창구가 필요했다.

한반도 전체로 시야를 확대해보자. 강경은 남해와 제물포의 중간에 있다. 제물포는 조선의 중심인 한양으로 가는 길목이다. 남해와 동해에서 출발한 배들이 제물포로 가려면 강경 포구 근처 바다를 지나갈 수밖에 없었다. 앞의 논문에 따르면 강경포구는 원산 같은 동해안 시장, 낙동강과 영산강 유역의 남쪽 시장을 한강 시장과 연결하는 중간 지점이었던 것이다. 그 결과 강경은 서해안 물류의 중심으로 발전했다.

그러다 1899년 군산 개항과 1905년 경부선 개통, 1914년 호남선 개통(1911년 대전-강경, 1912년 강경-군산 구역이 부분 개통되었다) 등 육상 운송수단의 발달로 강경은 서서히 쇠퇴의 길을 걷는다. 게다가 강바닥에 점점 흙모래가 쌓이면서 배도 다니기 힘들어졌다. 그러나 4대조 할머니가 살아 계셨을 당시만 해도 강경은 상신까지 소금이나 조기, 북어를 부지런히 가져다주는 유통의 허브 역할을 충분히 할 수 있었다.

여담이지만 당시 강경포구의 위치는 지금의 돌산 부근이다. 그곳에서 조금만 금강을 따라 올라가면 옥녀봉이 나온다. 이곳에서 물이 두 줄기로 갈라지는데, 아니 두 줄기의 물이 하나가 된다. 큰 줄기는 논산 쪽에서, 작은 줄기는 부여 쪽에서 흘러온 물이다. 옥녀봉에서 바라보는 강의 풍경은 정말 근사하다. 몇 시간이고 앉아서 봐도 질리지가 않는다.

## 바다 반 조기 반이었던 서해안

이쯤까지 이야기가 진행되면 늘 같은 질문이 튀어나온다. "그건 알겠구. 그런데 어떻게 그 비싼 조기를 김치에 막 넣어? 엄청 부자였던 거 아니야?"

우리 조상이 부자였는지 궁금해서 하는 질문은 아니다. 것보다 그 맛있는 조기를 그냥 구워 먹지 왜 김치에 낭비하지 싶은, 한심해하는 그런 마음이다.

1909년 청주 읍내장은 점포 365개소, 노점상과 보부상 258명 참가하는 충북 제일의 시장이었다. 1930년대 읍내장에 군집한 사람들. ⓒ충북도청

보부상들은 순차적으로 열리는 시골 장시를 순회하며 장사를 했다. 사진은 1930년대 청주 지역 장시를 돌던 보부상들의 모습이다. ⓒ충북도청

이때 들려주는 이야기는 바로 실학자 서유구의 〈난호어목지〉에 나오는 이야기다.

"동해에는 조기가 없고 오직 서남해에서만 산출된다. 곡우 전후에 무리를 지어 남쪽에서 서쪽으로 오므로 그것을 잡는다. (중략) 상인들이 운집하고 배들이 사방으로 실어나른다. 소금을 약간 뿌려 말리면 마른 굴비가 되고 소금에 절이면 조기젓이 된다. 나라에 흘러넘쳐서 귀한 사람이나 천한 사람 모두 맛있는 음식으로 여긴다. 생선 중에 가장 번성하고 가장 맛있다."

옛날 조기는 지금의 조기와 신분이 달랐다. 〈조기의 한국사〉의 저자 정명섭은 '조선에서 조기는 흔한 생선이었다. 임금부터 백성까지 누구나 즐겨 먹는 반찬이었다'고 한다. 〈동국세시기〉에 의하면 옛날에는 음력 3월 조기와 황조개로 국을 끓여 먹는 풍습까지 있을 정도였다. 그러니 그 흔한 조기를 귀중한 김치에 넣는 것은 그리 이상한 일이 아니었다.

이렇게 대규모로 잡을 수 있던 것은 조기의 특성과 조선의 포획 방식에 있었다. 제주도 남쪽과 동중국해와 대만 근처의 따뜻한 바다에서 겨울을 보낸 조기들은 산란을 위해 청명을 기점으로 쿠로시오 난류를 타고 서해로 북상하기 시작한다. 산란에 유리하기 때문에 대집단으로 이동한다. 그러면 이제 전국의 어부들도 서해안으로 모여든다. 2월 중순부터 7, 8월까지 서해안 전역에서 조기잡이가 이루어진다. 사느냐 죽느냐 조기와 어부들의 해상전이 벌어지는 것이다. 조선 어부들이 어업을 하는 방식은 흡사 이순신 장군의 전법과 흡사하다. 지형과 물살을 이용해 길목을 지키고 있다가 급습할 것. 백전백승. 조선 후기 이 전투가 가장 치열했던 곳은 칠산바다와 위도 부근이다. 수심이 낮고 조기가 좋아하는 먹이가 많아 산란하기 좋기 때문이다.

〈한국수산지〉에 따르면 그물을 올릴 때마다 많을 때는 한꺼번에 4만~5만 마리, 적을 때도 5,000~6,000마리를 잡았다고 한다. 심지어 너무 많이 잡혀 끌어올릴 때 그물이 찢어지기도 했다. 얼마나 많이 잡혔는가를 간접적으로 알 수 있는 것은 조기를 세는 단위다. 조기의 기본 단위는 '동'이었다. 1동은 1,000마리다. 객주들은 어부에게 100동, 즉 10만 마리 단위로 조기를 구입했다.

다시 앞의 책 〈100년 전 충북의 옛모습〉 물가표로 돌아가보자. 1909년 청주의 조기(석어) 가격은 10마리 100목, 그러니까 1,000마리에 0.6엔이었다〈표 4〉. 쌀 가격을 기준으로 가늠해보자. 쌀 1석은 100되로 지금의 도량형으로 환산하면 약 80kg다(당시는 도정 전 상태로 유통했다는 점을 감안했다). 당시 1석의 가격은 13.5엔이었다. 지금 인터넷으로 검색하면 쌀 10kg이 평균 3만5,000원, 그러니까 80kg은 28만원 정도다. 13.5엔이 지금 28만원이라면 0.6엔은 1만2,400원인 셈이다. 그러니까 조기 1천마리가 지금 가격으로 1만2,400원이었다는 이야기다. 말도 안 된다. 마리 당 12원이면 지금 멸치 한 마리보다 싼 걸까. 이 기록과 나의 계산 중 하나가 틀렸을 수도 있다. 아니면 흰쌀을 기준으로 잡은 것이 문제일 수도 있다. 그래도 확실한 것은 당시 조기 가격이 고등어와 같았다는 점이다. 북어보다는 6배 비쌌고 문어보다는 저렴했다.

그러니 조기는 하늘이 허락한 지독한 자린고비가 아니라면 밥상 위에 매달아놓고 밥 한 번 먹고 한 번 쳐다보기만 할 만큼 비싼 생선은 아니었다. 〈반찬등속〉보다 후기의 자료지만 박채린의 〈통김치, 탄생의 역사〉에 게재된 통김치 재료 변천과정 표를 보면 더욱 확실해진다. 1910~1959년 사이의 김치 조리법을 조사한 결과 김치 70%에 젓조기(조기젓)를, 30%에 조기젓국을 사용했다. 서혜경의 논문 '우리나라 젓갈의 지역성 연구 1'에서 역시 마찬가지다. 대부분의 지역에서 김치를 담글 때 멸치젓, 새우젓, 조기젓, 황석어젓 순으로 썼다. 〈반찬등속〉의 저자 밀양 손씨의 경우 그것이 조기였을 뿐이다.

## 조선 후기의 조기잡이

조선의 어부들은 어살과 그물, 낚시로 조기를 잡았다. 김홍도의 그림 '고기잡이'에서 볼 수 있는 것이 어살이다. 바다에 굵은 나무 기둥을 세우고 그 사이를 대나무나 싸리나무, 갈대를 엮어 물은 흘러가되 물고기는 빠져나가지 못하게 만든 것이다. 돌로 만든 것은 독살이라 부르고 그물로 만든 것은 주벅(주벅망)이라고 불렸다. 어살이나 주벅, 독살 무엇으로 부르든 간에 공통점은 물살을 이용한다는 점이다. 물길이 들어오는 방향을 향해 뚫려 있고 나머지 방향은 막혀 있다. 서유구의 〈임원경제지〉에 따르면, 어살 큰 것은 900m, 작은 것도 400m가 넘었다. 이때 배는 어살이나 주벅 안에 갇힌 물고기를 건질 때 필요했다.

그물이 달린 배로 조기를 잡을 때도 있었다. 조류가 강한 곳까지 나가서 닻을 내려 고정한 다음 그물을 내려서 잡았다. 그물이 고정된 방식에 따라 중선망이나 정선망이라 부르고 배는 닻배라 불렀다. 주로 충청도와 전라도에서 사용했다. 그물은 칡넝쿨과 면사로 만들었는데, 면사는 들기름을 발라 말려 강도를 높였다.

충청도 일부 지역에서는 주낙이라는 특별한 낚시로 조기를 잡았다. 주낙 한 개에는 100개의 낚싯줄이 달렸고 낚싯줄 각각에는 두 개의 낚시가 달려 있었다. 한 척에 15개의 주낙을 실었다 하니, 배 하나에서 동시에 낚시로 잡을 수 있는 조기는 최대 3,000마리인 셈이다.

조기가 배에 가득하면 어선들은 깃발을 꽂았다. 그러면 객주들이 상고선이라는 배를 보내 흥정을 한다. 셈이 맞으면 객주는 어선에 음식과 술을 건네고 조기를 받아 떠났고, 어부들은 조기잡이를 계속할 수 있었다. 어부에게는 조기로 가득 찬 바다를 떠나는 것 자체가 손해기 때문에 거래는 배에서 이루어졌다. 객주 중에는 소금이나 얼음을 싣고 와 조기를 배에서 바로 냉장하거나 염장하기도 했다. 지금 시점으로 볼 때 재미있는 사실은 소금에 염장한 것이 생조기보다 가격이 비쌌다는 것이다. 〈서해와 조기〉에 의하면 시기에 따라 10배 이상 가격이 차이가 나기도 했다. 소금의 가격이 만만치 않았기 때문이다.

## 조기가 비싼 생선이 된 까닭

이렇게 흔했던 조기가 어떻게 귀하고 비싼 생선이 되었을까. 조선은 1876년 강화도 조약을 통해 일본에 항구를 개방하고 뒤이어 1883년 조일통상장정을 통해 어장을 개방한다. 상호조항이었지만, 당시 자국의 어장이 이미 고갈된 일본 어민들에게는 큰 기회가 되었다. 조선의 바다로 진출할 수 있었기 때문이다. 이때 그들이 가져온 그물이 안강망이었다. 이 그물은 설치가 쉽고 적은 인원으로 어업을 할 수 있어 조선 어부들과 어획량이 10배까지 차이 났다. 점차 일본 어부들도 조기잡이에 뛰어들었다. 1930년대가 되면 일본 어민들뿐만 아니라 조선의 어민들도 모두 안강망을 사용하게 되고 동력선까지 도입되면서 조기 어획량은 기하급수적으로 늘어난다. 이후 기선저인망의 도입으로, 어부들의 촘촘한 그물은 바다의 바닥까지 긁으며 치어까지 잡아들였다. 결국 1960, 70년대를 기점으로 조기는 씨가 마르게 된다. 그나마 남은 조기 떼들조차 남해에서 서해안 쪽으로는 올라오지 않고 바로 남중국해로 회유하게 되었다. 조기가 비싼 생선이라는 공식은 이때부터 생겼다. 이제 청주 상신의 강씨들은 더 이상 조기를 김치에 넣을 수 없게 되었다.

# 조기와 그의 친척들

**때때로 조기로 오해받거나 위장하다**

## 참조기

이게 우리가 흔히 말하는 조기다. 〈반찬등속〉에 시도 때도 없이 등장한다.

**다른 이름** 석어, 석수어, 석두어, 조구, 노랑조기, 황조기
**크기** 20cm 내외, 최대 30cm
**모양** 가슴에서 가슴지느러미, 꼬리지느러미까지 사각형으로 보일 정도로 일자형이다. 입이 크고 아래턱이 위턱보다 튀어나왔다.
**색** 배는 노란빛이 나고 입술은 붉다.

큰 놈은 가격도 비싼 데다가 요즘은 제사상에 올라가는 생선으로만 인식되어 인기가 떨어졌다. 한때는 왕에서 일반 백성까지 모두 원하는 생선으로 최고 인기를 누렸다. 〈자산어보〉에서는 '모양은 민어를 닮았고 몸은 작으며 맛 또한 민어를 닮아 아주 담담하다. 쓰임새도 민어와 같아 알은 젓을 담그는 데 좋다고 했다. 몸통 전체는 물론, 내장이나 알로도 젓갈을 담가 먹었다. 살이 잘게 쪼개지고 미끄럽고 단맛이 있고 탄력이 좋다.

## 부세

맛있다. 한때 참조기로 둔갑해 팔렸지만 이제 보리굴비로 신분세탁했다.

**다른 이름** 부서
**크기** 30cm 내외, 최대 60cm
**모양** 등지느러미에서 배까지의 체고, 즉 몸통이 넓고 몸이 길다. 꼬리는 가늘고 쭉 뻗었다.
**색** 몸빛은 전체적으로 적황색이고 아랫배까지 노란빛이며 비늘끝이 검다.

참조기가 사라진 70~80년대 대체 생선으로 팔렸다. 우리나라와 달리 중국에서는 황금빛이 나서 참조기보다 사랑받았는데 지금도 최고의 춘절 선물 중 하나라고 한다. 크기가 크고 고기가 단단하고 맛있어 생물로도 말려서도 다양하게 활용된다. 보리굴비의 99%는 부세로 만들어진다. 참조기처럼 아래턱이 위턱보다 튀어나오고 색도 비슷하지만 크기와 전체 몸통, 꼬리지느러미, 머리 모양으로 구분한다.

## 보구치

크기는 크지만 흔하고 맛이 없어 저렴하다.

**다른 이름** 백조기, 흰조기
**크기** 30cm 내외, 최대 40cm
**모양** 체형이 긴 타원형으로 몸의 길이가 길지 않고 전체적으로 옆으로 납작하다. 잎이 머리와 가까이 붙어 있다.
**색** 등쪽은 황갈색이고 전체적으로 은백색을 띠며 지느러미까지 흰색이다. 아가미 뚜껑에 검은색 반점이 있다.

참조기와 비슷하지만 전체적인 색과 참빗 모양의 꼬리지느러미가 다르게 생겼다. 조기류 중에서는 가장 맛이 없고 흔하게 잡혀 아주 저렴하다. 다만 산란기인 초여름 제철에는 지방이 듬뿍 올라와 회로 먹으면 감칠맛이 있다. 어묵 재료로 많이 쓰인다. 백조기스럽게 몸뿐만 아니라 입안까지 하얗다. 전체적으로 점액질이 적고 비늘이 잘 떨어진다.

수조기

## 흑조기

흔히 볼 수 없지만 맛은 좋다.

**다른 이름** 없음
**크기** 38cm 내외, 최대 43cm
**모양** 몸이 약간 길며 옆으로 납작하고 눈이 큰 편이고 주둥이가 둥글게 생겼다.
**색** 전체적으로 검붉은색을 띠는데 입안과 아가미, 지느러미 막도 검다. 우리나라 다도해 이남과 일본, 대만 등지에 분포하며 맛이 좋고 참조기보다 싸다. 몸통 전체가 검붉은색을 띠지만 배쪽은 흰색이며 몸의 옆면 가운데에 가늘고 검은 줄이 있다. 소금물에 담가 은백색으로 변색시켜 참조기로 속여 팔기도 한다. 구이나 조림, 매운탕으로 조리한다.

## 황석어

대부분 젓갈로 만든다. 흔히 조기 치어로 오해받는다.

**다른 이름** 황강달이, 황석수어, 황세기, 황소어, 황령
**크기** 9cm 내외, 최대 15cm
**모양** 몸통이 길고 가늘며 꼬리 쪽으로 가면서 급격하게 가늘어진다. 꼬리지느러미가 길다.
**색** 등쪽은 황갈색, 중앙은 흰색, 배쪽은 황금색, 꼬리지느러미는 검다.

황석어젓의 재료다. 조기 종류 중에서는 크기가 가장 작다. 오래전부터 우리 상에 올랐던 유서 깊은 생선으로 〈본초강목〉에서는 황령, 〈재물보〉에는 황석수어라는 이름으로 불렸다. 〈성소부부고〉에서 허균은 '서해에 모두 있으나 아산 것이 아주 좋으며 지지면 비린내가 나지 않는다'고 하였다. 〈자산어보〉에 '추수어의 가장 작은 것을 황석어라 하는데 길이가 4~5촌이며 꼬리가 뾰족하고 맛이 좋다'고 나온다.

## 수조기

회로도 먹는 가장 큰 조기 종류다.

**다른 이름** 반어, 부서, 부세조구
**크기** 30cm 내외, 최대 50cm
**모양** 몸통이 납작하고 모양은 전체적으로 둥그스름하다. 참조기와 달리 위턱이 아래턱보다 나온 편이라 주둥이가 뾰족해 보인다.
**색** 전체적으로 연한 회갈색이지만 등과 배는 연한 노란색을 띠며 지느러미가 노란색이다.

흔하지는 않지만 우리나라 서남해안과 일본 등지에 산다. 남해안 일대에서 제수용품으로 사용된다. 참조기보다 크게 자라는데 40~50cm의 큰 것들은 비싸다. 살이 달고 감칠맛이 있고 쫄깃한 식감도 좋아 회로 먹어도 맛있다. 비늘이 작은 편이고 주둥이가 길고 등쪽으로 비늘 줄을 따라 흑갈색 점이 선을 이루며 퍼져 있어 참조기와 쉽게 구분된다.

## 조기를 김치에 쓰는 법

조기의 담백하고 구수한 맛을 제대로 내려면 절차가 필요하다

이용기는 〈조선무쌍신식요리제법〉에서 김치에 넣는 해물 가운데 전복이나 소라는 아무 맛도 없고, 북어나 대구는 텁텁하며 조기가 제일 좋다고 했다. 당대 최고의 미식가였다는 그의 말처럼 조기를 김치에 넣으면 희한하게 맛이 좋아진다.

굵게 썰거나 저며 넣으면 단백질이 분해되는데 오래 걸린다. 먹다가 덜 삭은 형체를 발견할 수도 있다. 그러니 다지거나 갈아 넣는 것이 좋다. 비늘을 긁어내고 머리와 내장, 지느러미를 제거하고 뼈를 중심으로 양쪽 살을 분리해 껍질을 벗겨내 살만 곱게 다진다. 너무 다 떼어낸다고? 걱정할 필요 없다. 내장만 빼고 다 모아 조기육수를 만들 것이니까. 거기에 2배의 물을 넣고 반으로 줄 때까지 끓여 면포나 한지에 거른다. 이때 조기의 기름기도 같이 걸러지고 뽀얀 국물만 남게 된다. 다만 너무 고운 면포나 한지를 쓰면 국물이 잘 내려가지 않고 반대로 너무 성기면 기름도 같이 내려간다. 커피 종이 필터도 괜찮은 대안이다. 조기젓은 통째로 다져 같은 방법으로 달여서 걸러 액젓을 만든다. 조기젓을 내리면 진한 갈색인데, 조기육수는 뽀얗다. 단백질이 분해 과정을 거치느냐 그러지 않느냐의 차이다. 조기는 유리 아미노산과 핵산으로 분해되어 감칠맛을 낸다. 담백하면서도 특유의 구수하고 깊고 개운한 맛이 있다. 비리지 않다.

## 생조기로 조기살과 조기육수 만들기

1. **비늘 벗기기** 몸통뿐만 아니라 배와 등, 지느러미 부분까지 구석구석 빼놓지 말고 벗긴다. 칼등으로 비늘 반대 방향으로 긁는다.
2. **지느러미 제거** 옆, 등, 아래, 꼬리 등 지느러미를 모두 잘라낸다.
3. **머리와 내장 제거** 아가미 쪽으로 칼을 넣어 머리를 잘라내고 배를 반 갈라 내장을 제거한다. 내장은 버리고 머리는 모아둔다.
4. **씻어 물기 제거** 깨끗이 씻어 마른 행주로 덮어 눌러 물기를 제거한다.
5. **살 발라내기** 회 뜨듯이 꼬리를 잡고 뼈를 중심으로 양쪽 살을 발라낸다. 결과적으로 3장이 된다.
6. **껍질 벗기기** 껍질을 바닥 쪽으로 놓고 살만 발라낸다. 껍질과 뼈는 머리와 함께 모아둔다.
7. **뱃구레 제거하기** 흐느적거리는 뱃구레는 잘라낸다. 머리와 껍질, 뼈와 같이 모아둔다.
8. **살을 다지거나 썰기** 조기살은 필요에 따라 다지거나 포를 뜨거나 썰거나 찢는다.
9. **조기육수 내기** 머리와 껍질, 뼈, 지느러미, 뱃구레살은 모아서 2배의 물을 넣고 반으로 줄어들 때까지 끓인다.
10. **조기육수 거르기** 한지나 면포를 이용해 조기육수를 걸러준다. 이때 기름기도 걸러진다.

## 조기와 조기젓, 구수하고 깊은 감칠맛을 내다

조기젓을 끓여 내린 액젓

1년 이상 삭힌 조기젓

생조기를 발라 다진 조기살

생조기의 머리와 뼈, 껍질 등을 끓여 내린 조기육수

서혜경의 '우리나라 젓갈의 지역성 연구 1'에 의하면 우리나라 김치에 사용되는 젓갈은 전국적으로 56가지다. 그중 조기젓은 멸치젓, 새우젓, 황석어젓과 함께 70년대까지 많은 지역에서 쓰였다. 비린내가 없으며 담백하고 구수하기 때문이다. 조기젓은 5~6월의 산란기 조기를 사용하는데 너무 크지 않은 것이 좋다. 제철에는 젓갈용으로 파조기를 따로 판매한다. 비늘, 아가미, 지느러미는 물론 내장도 제거하지 않고 통으로 담근다. 다른 생선과 달리 내장이 깨끗하기 때문이다. 알이나 내장만 따로 젓갈로 담그기도 한다. 세척이나 다듬을 때는 꼭 소금물만 써야 한다. 3% 정도의 소금물이면 된다. 1930년대의 신문에 실린 '조기젓 담그는 법' 기사를 보면 가시, 즉 벌레가 생기기 쉬우니 아예 씻지도 말고 깨끗한 행주로 훔쳐서 담그라 권한다. 그 정도로 물에 민감하다. 조기젓을 체에 받쳐 생젓국을 내려 김치나 반찬에 쓰는데, 내리고 남은 조기살은 양념해서 그냥 먹거나 쪄서 먹는다. 조기젓은 다져 물을 붓고 끓여 액젓으로 만들어 쓸 수도 있다. 물을 넣고 끓이면 조기살은 완전히 녹아 사라지고 뼈만 남는다. 오래될수록 젓국의 양이 많아지는데 보통 1년 이상 숙성한 것이 좋다.

## 조기로 젓갈 담그기

**재료** 조기 25마리(5kg), 천일염 1kg, 세척용 소금물 4L(물 4L, 소금 1.2kg)

1 **다듬어 씻기** 3%의 소금물을 만들어 조기 통째로 씻어 물을 뺀다.
2 **소금에 절이기** 소금의 분량은 조기 무게의 15~20%다. 먼저 조기의 입과 아가미를 벌려 안을 소금으로 채우고 몸통 전체에 골고루 뿌린다.
3 **담기** 용기 바닥에 소금을 한 켜 깔고 그 위에 조기를 한 켜 깔고 다시 조기가 보이지 않을 정도로 소금을 뿌린다. 조기, 소금을 번갈아 담는다.
4 **소금을 덮어 눌러놓는다** 맨 위에 소금으로 1cm 이상 두껍게 웃소금을 뿌려 덮고 누름판이나 돌로 눌러 조기가 뜨거나 공기가 닿지 않도록 한다.
5 **보관한다** 서늘하고 어두운 곳에서 5~6개월 이상 숙성 발효시킨다.
6 **생젓국을 뜬다** 1년 이상 삭힌 조기젓을 한지에 거르면 맑은 액젓이 나온다. 생젓국은 김치나 반찬 만들 때 쓰고 나머지 살 부분은 반찬으로 먹는다.
**액젓을 만든다** 조기젓을 통째로 다져 조기젓의 두 배 분량의 물을 넣어 반으로 줄어들 때까지 끓여 한지에 거른다. 뼈만 남는다.

# 1910년 전후, 청주에는 어떤 식재료가 있었을까

〈반찬등속〉 문자집, 한자의 음과 뜻을 빌려 일상의 식재료와 음식명을 표기하다

〈반찬등속〉의 문자책에 실린 의식주에 관련된 다양한 단어들은 당시의 문화를 짐작할 수 있는 넘치는 보고다. 그 중에서 음식과 식재료에 관련된 것만 뽑았다. 순수 우리말도 한자를 빌려 표기해, 일부는 다소 엉뚱해 보이기도 한다.

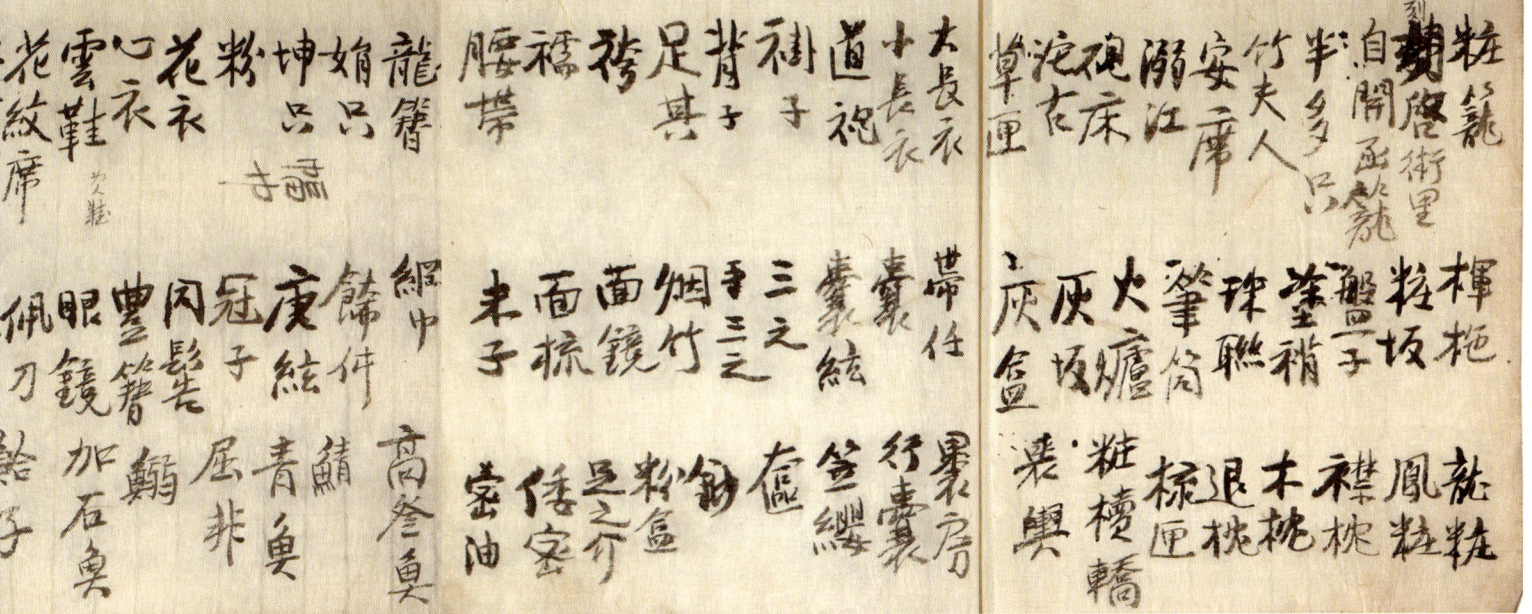

## 1쪽

**江丁 강정** 찹쌀을 물에 담가 오래 삭혀 찌고 꽈리 나도록 쳐서 바탕을 만들어 말리고 기름에 튀겨서 엿을 발라 깨 같은 것을 묻혀 만드는 전통 과자. 곡류를 엿에 버무려 굳힌 엿강정과는 다른 종류다.

**蹲柿 준시** 껍질을 깎아 꼬챙이에 꿰지 않고 납작하게 말린 감. 〈반찬등속〉에서는 수정과, 호박떡, 약식 등에 들어갔다.

**果橘 과귤** 귤나무. 옛날에는 귀한 과일로 귤 껍질을 말려 음식이나 한과에 썼다.

**霰子 산자** 강정 중 정사각형으로 만든 것을 산자라 부른다. 〈반찬등속〉에는 집안 고유의 밀가루 산자가 나온다.

**散炙 산적** 보통 소고기를 길쭉하게 썰어 양념을 하여 꼬챙이에 굽는 요리를 가리키지만 〈반찬등속〉의 저자 밀양 손씨의 후손들은 소고기를 평평하고 넓게 손질해 양념해서 구워 육산적을 만들어 제사상에 올린다.

**白餅 백병** 〈반찬등속〉에는 백편으로 소개되어 있다. 켜를 만들어 찐 떡으로, 제례 때 사용했다.

**藥果 약과** 밀가루를 참기름과 꿀로 반죽하여 기름에 튀겨 즙청액에 담가 만드는 전통 과자다. 〈반찬등속〉에는 과줄이라는 이름으로 나오는데, 다식판에 박아 만든다.

**石魚 석어** 조기는 머리 쪽에 돌 같은 딱딱한 덩어리가 튀어나와 있어 석어, 혹은 석수어라고 불렀다. 〈반찬등속〉의 김치에 다양하게 사용되었다.

**蒸餅 증병** 충청도 전통 떡으로, 쌀가루를 막걸리로 반죽하여 발효시켜 쪄서 만든다. 〈반찬등속〉의 증편은 사각의 편 모양이다.

**荳食 다식** 콩이나 깨, 송화 등의 가루를 꿀에 섞어 틀에 박아 만드는 한과. 〈반찬등속〉에는 제법이 소개되고 있지 않으나 다식판이 언급된 것으로 보아 만들었을 것으로 추정한다.

**海衣 해의** 김을 가리키는 한자어. 이 외에도 해태(海苔), 해채(海菜), 자채(紫菜) 등으로도 불렀다. 우리나라에서는 조선 초부터 본격적으로 생산되었다.

**水正果 수정과** 생강과 계피가 들어가는 요즘 수정과와 달리 〈반찬등속〉에서는 꿀을 따뜻한 물에 녹여 곶감을 넣어 먹으라 나온다. 수정과에 생강과 계피가 들어가는 것은 1920년대 이후다.

**賓沙果 빈사과** 빙사과의 음차. 강정을 만들고 남은 유과 바탕을 아주 작게 잘라 튀겨 엿에 버무려 굳혀 만드는 한과.

**甘藿 감곽** 미역을 가리키는 한자어. 〈반찬등속〉에는 미역을 이용한 요리법은 나오지 않았다. 조선 초 기록이 남아 있어 우리나라에서는 그때부터 먹은 것으로 보인다.

**䔉餅 무병** 떡 사이에 얇게 저민 무를 한 켜 깔아 찌는 시루떡의 한 종류. 충청도 향토 음식으로, 켜 사이에는 막팥고물을 쓴다.

**藥食 약식** 〈반찬등속〉 앞쪽 조리법에 약밥으로 나온다. 찹쌀에 대추고와 참기름을 섞고 밤, 잣, 곶감을 넣어 짓는다.

**靑苔 청태** 앞에서 소개하는 해의와 더불어 청태김도 당시 식재료로 사용한 것으로 보인다.

**糕餠 고병** 경단을 가리키는 단어. 찹쌀로 떡을 만들어 삶아 익힌 후 꿀물에 담갔다가 그대로 쓰거나 고물을 묻혀 먹는다. 〈반찬등속〉에 나오는 멥쌀로 만든 염주떡이 고병의 일종이다.

**實柏子 실백자** 껍데기를 벗긴 알맹이 잣을 말하며, 〈반찬등속〉에서는 약밥과 식혜 등에 사용되었다.

**明泰太 명태태** 반복된 태자로 보아 명태를 어떻게 표기할 것인지 고민한 것 같다. 명태는 〈반찬등속〉에 나오지 않는다. 대신 말린 명태, 즉 북어로 짠지와 무침을 만들기도 하고, 북어 대가리는 콩짠지에 넣거나 단독으로 굽기도 한다.

**煎也 전야** '저냐'의 음차 표기로 보인다. 전이나 전유어, 간납으로도 불리며 재료를 얇게 썰어 밀가루와 달걀옷을 입혀 기름에 지지는 음식을 통칭한다.

**胡桃 호도** 호두를 지칭하는 단어. 우리나라에서는 신석기 유물에서 함께 출토되어 식용한 지 오래된 것으로 보인다. 〈반찬등속〉에는 특별한 조리법이 나와 있지 않다. 충청도에서는 호두로 장아찌를 만들어 먹었다.

**醋醬 초장** 전통 초장은 간장에 식초를 섞고 잣가루를 뿌려 만들었다. 옛날에는 술을 넣은 술병의 입구를 막아 따듯한 곳에 두어 초를 만들었다. 〈반찬등속〉에는 초를 넣어 만드는 외이김치가 나온다.

**生汁 생즙** 싱싱한 야채나 과일에서 짠 즙.

**大棘 대조** 대추의 한자어. 조선시대에 우리나라에 전해졌다고 하는데 〈산림경제〉〈규합총서〉〈임원경제지〉 등에 다양한 기록이 남아 있다. 〈반찬등속〉의 약밥에는 대추를 고아 만든 대추고가 들어간다. 청주 상신동 마을에는 대추나무가 여러 그루 있었다.

**文魚 문어** 〈100년 전 충북의 옛모습〉에 실린 물가표에는 1909년 청주의 문어 시세가 나온다. 〈반찬등속〉의 배추짠지와 파짠지에 넣었다.

**片肉 편육** 소의 양지머리나 머리, 돼지의 삼겹살이나 머리를 삶아 눌러서 굳힌 후 얇게 저민 음식으로, 왕의 수라상부터 국수로 차린 면상, 주안상, 잔칫상 등에 꼭 올라가는 음식이다.

**栗 율** 밤은 일상식부터 잔칫상, 약재까지 다양하게 이용되었다. 우리나라 밤은 다른 나라 밤보다 유난히 크다. 〈반찬등속〉에 특별히 언급된 음식은 없다. 상신 마을에는 집마다 마당에 밤나무가 있었다.

**鮎鰒 점복** 한자 자체로 보면 메기 점(鮎)에 전복 복(鰒)을 썼으나 전복을 표기하기 위한 음차로 보인다. 〈반찬등속〉의 배추짠지와 전복짠지에 들어간다.

**雲頭 운두** 구름 모양이라는 뜻으로 수제비를 가리킨다. 타지역과 달리 충청도의 수제비는 반죽을 주걱 위에 올려놓고 젓가락으로 길게 자르듯 떼서 끓는 국물에 바로 넣어 만들었다.

### 2쪽

**戀頭 만두** 일반적인 한자 표현 만두(饅頭)와 다르게 음차한 것으로 보인다. 〈반찬등속〉의 만두는 메밀로 피를 만들고 삶은 배추와 돼지고기, 콩비지 세 가지를 넣어 만든다.

**多時麻 다시마** 우리나라 다시마의 절반 이상은 전남 완도 부근에서 생산된다. 〈반찬등속〉 조리서 부분에는 나오지 않았다.

**紅鮯 홍합** 일반적인 한자 표기 홍합(紅蛤)과는 다르게 음차한 것으로 보인다. 〈반차등속〉에는 마늘짠지에 홍합을 넣으면 맛이 신기하게 좋다고 설명한다.

**水朴 수박** 〈도문대작〉에 의하면 우리나라에 수박이 처음 전해진 것은 고려 말이었다. 그러다 과일로 대중적으로 먹기 시작한 때는 일제강점기였다.

**胡朴 호박** 애호박과 늙은 호박이 있다. 애호박은 나물이나 전, 찌개 등에 넣어 먹고 늙은 호박은 떡이나 죽, 김치를 담가 먹는다. 늙은 호박은 저장성이 좋아 겨우내 보관하여 먹을 수 있다. 〈반찬등속〉에도 호박떡이 나온다. 충청도 향토 음식이다.

**高登魚 고등어** 이 문자책에 나오는 고등어 표기 중 하나. 오래전부터 상신동 강씨 집안에서도 고등어자반을 즐겨 먹었는데 호박잎에 싸서 구워 먹었다.

**佐飯 자반** 소금에 절인 생선을 굽거나 쪄서 만든 반찬, 또는 콩 같은 것을 간장에 졸여 만든 반찬을 자반이라 부른다. 상신 사람들은 고등어자반을 즐겼다. 〈반찬등속〉에서는 콩짠지라는 이름으로 콩자반을 소개한다.

**淹菜 엄채** 김치를 부르던 말.

**羅博淹菜 나박엄채** 나박김치. 배추와 무를 납작하고 네모지게 썰어 절인 후 파, 생강, 마늘, 미나리와 사과나 배를 넣어 담갔다. 충청도 향토 김치로, 〈반찬등속〉의 저자 밀양 손씨 후손들은 제사상에 올린다.

**海三 해삼** 일반적으로 쓰는 해삼(海蔘)의 다른 표기. 〈반찬등속〉에는 조리법이 등장하지 않지만 〈100년 전 충북의 옛모습〉 142쪽에 실린 타 지역에서 수입된 물품 중 해뢰가 해삼으로 보인다. 당시 이 지역으로 2,700조 분량이 수입되었다.

**擔卜醬 담복장** 청주 상신의 담복장은 메주가 아니라 가을에 햇콩을 수확하자마자 바로 삶아 대나무 바구니에 담아 3~4일간 띄운 후 대충 절구에 찧어서 고춧가루와 마늘을 넣어 만든다.

**生鮮 생선** 100년 전 청주 상신동 사람들은 바다 생선은 청주나 부강장에서 구입했고 민물 생선은 마을 앞을 흐르는 미호천과 까치내에서 직접 잡아 먹었다. 민물 생선은 주로 메기와 가물치였다. 〈반찬등속〉에는 가물치회 제법이 나온다.

**樂之 낙지** 〈반찬등속〉에는 별도의 낙지 요리법이 나오지 않지만 서해안에서 잡은 낙지가 강경을 통해 유입되었을 것으로 추정한다.

**土醬 토장** 토장은 된장을 이북에서 부르는 용어. 보통 메주 가루로 만든다.

**干醬 간장** 우리나라 간장의 역사는 기원전으로 거슬러 올라간다. 〈반찬등속〉에는 간장에 채소나 어패류 등을 넣고 저장 발효시키는 짠지가 8종 소개되었다.

**菜羹 채갱** 나물로 만든 국으로 소국, 소탕이라고도 했다. 고사리를 넣은 궐탕, 쑥을 넣은 애탕 등 넣는 재료에 따라 다른 이름으로 불렀다.

**肉羹 육갱** 고기로 끓인 국. 〈반찬등속〉에는 오리고기로 끓인 탕이 소개되었다. 생선을 넣은 국은 어갱이라 불렀다.

**枯草醬 고초장** 〈규합총서〉에 순창과 천안이 고추장으로 유명하다고 나올 정도로 오래전부터 우리 식탁의 기본 장이었다. 〈반찬등속〉에는 설탕을 넣어 고추장을 더욱 맛있게 먹는 법이 나온다.

**大豆黃卷 대두황권** 콩나물순을 말린 것으로 한약재로 쓰인다. 부종과 근통을 다스리고 위 속의 열을 제거하는 효과가 있다.

**只念醬 지엄장** 찌엄장의 음차 표기. 청주 상신에서는 메주를 만들고 남은 콩을 작은 덩어리로 만들어놓았다가 이른 봄 잘게 부수어

김치 국물과 동치미 국물을 넣고 불려 양지 쪽에 놓아 발효시켰다. 부글부글 끓어오르면 발효가 잘된 것이라 한다. 큰 메주 만들고 남은 작은 메주로 소량 담그는 장이다.

**豆菜 두채** 콩나물. 겨울에 집 안에서 길러 먹는 아주 유용한 채소로, 우리나라 사람들만 즐겨 먹는다. 이익의 〈성호사설〉에 따르면 집집마다 콩을 재배해 콩죽과 콩나물, 된장을 만들어 먹었다.

**蕺菜 지채** 토란 나물. 〈반찬등속〉에서는 말린 토란대를 물에 불려 밀가루를 묻혀 지진 후 양념하여 먹으라 설명한다.

**馬鈴薯 마령서** 감자. 마령서 외에도 북저, 지저, 양저 등으로 불렀다. 우리나라에는 1824년경 청나라에서 전해졌다고 한다. 〈반찬등속〉에 조리법이 나오지는 않지만 〈100년 전 충북의 옛모습〉에 의하면 1909년 당시 청주에서 마령서 1두에 0.75엔에 거래되었다고 한다.

**櫻桃 앵도** 앵두나무. 마당이나 집 인근 산에서 자란다. 재래종 앵두는 지름이 1cm 내외로 6월쯤 먹을 수 있다. 한약재로도 쓰이고 술이나 한과에도 사용된다.

**水醬 수장** 메주 분량에 비해 물을 많이 넣고 담근 싱거운 간장으로 김수의 〈수운잡방〉에 의하면 두부나 구이를 조리할 때 쓰면 좋다. 조선 초부터 1900년대 초까지 많이 먹었다.

**生菜 생채** 채소를 익히지 않고 생으로 무친 나물 종류. 〈반찬등속〉에는 생채 종류가 전혀 나오지 않지만 우리나라 상차림의 필수 반찬 중 하나다. 배추, 오이, 무, 파, 부추, 상추, 당귀, 갓, 쑥갓, 원추리 등을 생채로 무쳐 먹었다.

**葡萄 포도** 고려시대 문헌에 처음 등장한다. 충북은 경상북도에 이어 두 번째로 포도가 많이 재배되는 지역이다. 상신에서는 보통 우물가에 많이 심었다.

## 3쪽

**熟菜 숙채** 채소를 데치거나 삶거나 볶는 등 익혀서 양념하여 먹는 음식. 우리나라 상차림에서 중요한 부분을 차지한다. 〈반찬등속〉에는 밀가루를 묻혀서 기름에 부쳐 먹는 숙채가 두 가지 등장한다.

**胡草 호초** 후추의 한자 표기. 언제 전래되었는지 정확한 기록은 없으나 낙랑 시대에는 이미 사용되었다고 한다. 귀한 양념으로 여겨져 후추를 넣고 떡(석탄병)이나 한과(약과)를 만들었다.

**荏塩 임염** 들깨 임(荏)에 소금 염(塩)을 쓰는 것으로 보아, 들깨 소금 혹은 깨소금으로 추정된다. 옛날에는 깨를 볶아 빻을 때 소금을 넣기 때문에 깨소금이라 불렀다. 깨는 음식에 맛과 향을 내고 장식하는 데 썼다. 꿀을 넣고 작게 뭉쳐 떡의 소로도 썼다. 〈한국 충청북도 일반〉에 의하면 1909년 충북에서는 참깨 930석, 들깨 602석이 생산되었다.

**鷄卵 계란** 계란은 한식 상차림에 중요한 재료로, 귀한 요리에 고명으로 많이 쓰였다. 대표적인 것이 노른자와 흰자를 나누어 얇게 부쳐 채를 친 황백지단이다. 〈반찬등속〉에는 다른 어떤 고조리서에도 나오지 않는 특별한 떡이 나오는데, 실같이 채를 친 황백지단을 고물로 쓴 화병이다.

**弘魚 홍어** 홍어는 썩지 않고 잘 삭아 냉동시설이 발달하지 않은 과거에 내륙에서도 먹을 수 있었다고 한다. 인천과 전남 흑산도 지역에서 많이 잡힌다.

**葛致魚 갈치어** 〈신증동국여지승람〉에 의하면 갈치는 칼같이 생겼다고 하여 도어(刀魚)라고도 불렀다. 서해안과 남해안에서 많이 잡혔으며 여름에서 초겨울 사이가 가장 맛이 좋다. 내장은 젓갈로 담갔다.

**常魚 상어** 상어는 경북지역에서 제례에 쓰이는 중요한 재료로, 큰 토막으로 잘라서 판매하기 때문에 '돔배기'라고 불렀다. 그 외 다른 지방에서는 주로 말린 상어를 썼다. 전이나 숙회, 찜 등으로 만들었다. 〈100년 전 충북의 옛모습〉을 보면 1909년 청주에서 상어는 10미 100목(1,000마리)이 0.140엔에 팔렸다.

## 4쪽

**靑魚 청어** 조선시대에는 비웃이라고도 했으며 주로 소금에 절인 상태로 유통되었다. 〈세종실록지리지〉〈신증동국여지승람〉〈난호어목지〉〈자산어보〉 등 여러 고서에 나온 것으로 보아 오래전부터 즐겨 먹던 생선으로 보인다. 과메기로 가공하기도 한다.

**屈非 굴비** 〈반찬등속〉에는 김치와 짠지에 많이 쓰인 조기와 달리 굴비는 별도로 소개하고 있지 않다. 조기가 많이 잡히는 서해안의 법성포에서 말려 가공한 것이 전국에 유통되었다.

## 5쪽

**密油 밀유** 꿀과 참기름. 우리나라에서는 이 두 가지가 들어가는 음식에는 약(藥)자를 붙일 정도로 귀히 여겼다. 약과가 대표적이다.

## 7쪽

**茄子 가자** 가지의 음차 표기. 5~6세기에 중국을 통해 인도에서 전래되어 오래전부터 즐겨 먹었다. 〈반찬등속〉 이전의 고조리서에는 가지로 만든 김치가 많이 소개되었다. 옛날에는 밥 지을 때 위에 얹어쪄서 양념하여 먹었다.

**莒苡 거이** 상추 거(莒)와 질경이 이(苡)로 이루어진 말로, 상추를 가리키는 한자어로 보인다. 고구려 때 중국 수나라에서 씨를 가져왔다는 기록이 있다.

**水芹 수근** 미나리는 우리나라 자생 식물이라 오래전부터 김치나 전, 나물로 먹었다. 근저, 수영, 초규 등으로 불렸으며 약으로 쓰일 때는 수근이라 했다. 나박김치를 담글 때 미나리를 넣는다.

**菁根 청근** 무뿌리를 가리키는 말.

**紫草 자초** 지치, 지초라고도 한다. 말린 자초 뿌리는 혈액 순환을 촉진하고 대변을 잘 나오게 하고 새살이 빨리 돋게 하는 등의 효력이 있어 약재로 쓰이고 붉은색으로 염색할 때도 썼다. 낮은 산양지 쪽에서 자란다.

**菘 숭** 〈100년 전 충북의 옛모습〉에는 '숭채'와 '백채'가 나오는데 백채의 가격이 숭채의 8배다. 이것으로 보아 숭채는 전통적인 배추, 백채는 당시 보급되기 시작한 반결구 배추로 보아도 좋을 것 같다. 〈반찬등속〉이 편찬된 무렵 우리나라에는 좋은 품종의 조선배추, 개성배추가 전국에서 재배되었다.

**葵 규** 아욱은 이미 고려 시대부터 우리 식탁의 중요한 채소로, 이규보의 〈동국이상국집〉에 실린 '집에서 길러 먹는 여섯 가지 채소' 중 하나였다. 옛날에는 보리새우를 넣고 된장과 고추장을 풀어 장을 끓였다.

## 10쪽

**林下夫人 임하부인** 으름넝쿨의 열매. 낮은 산이나 계곡에서 자라며 4~5월에 자줏빛 꽃이 피고 8월이면 통통하고 길쭉한 열매가 열리는데 열매가 갈라져 벌어지면 말려 약재로 사용한다. 결석, 생리통, 요통에 효과적이라 한다. 생과도 먹는다.

**生淸 생청** 벌집을 부수어 받아낸 꿀이 생청이다. 꿀의 출처에 따라 독특한 향기와 색이 있다. 〈반찬등속〉에는 한과와 떡뿐만 아니라 짠지의 짠맛을 중화시키는 데도 사용했다.

**石榴 석류** 고려 초 중국에서 들어왔다. 당질이 40%이며 시트르산이 들어 있어 새콤한 맛이 난다. 음료나 화채에 넣거나 즙을 내어 한과 만드는 데 썼다.

**豆腐 두부** 고려시대 기록이 남아 있으며 조선의 두부 맛은 중국에서도 유명했다. 옛날에는 잔치를 앞두고 미리 만들어야 하는 필수 재료였는데, 찌개, 탕, 국, 부침 등으로 다양하게 요리했다. 두부를 만들고 난 찌꺼기인 비지도 두루 활용되었다. 〈반찬등속〉에 비지를 넣어 만드는 만두가 소개되었다.

**蜜水 밀수** 생청은 향기가 있어 그대로 물에 타서 음료수로 사용했는데 이것이 밀수다. 여기에 찹쌀을 말려 볶아 가루 내어 만든 미숫가루를 타 먹었다. 〈반찬등속〉의 수정과는 밀수를 따뜻하게 만들어 곶감을 넣어 만든다.

**신건草 승검초** 한자로 완성하지 못하고 한글을 섞어 표기했다. 참당귀로, 뿌리는 말려 약재로 쓰고 봄철의 새순은 아삭한 식감을 살려 나물로도 쓰고 말려 가루를 내어 떡에 초록빛을 내는 데 썼다.

**橘 귤** 앞쪽의 과귤.

**淸泡 청포** 녹두의 녹말로 쑨 묵. 치자를 섞어 노란 묵을 만들기도 한다. 특유의 질감이 있으며 단독으로 먹거나 채를 썰어 숙주와 삶은 미나리, 김을 넣고 양념하여 탕평채를 만들었다.

**欂 영** 고욤나무. 우리나라 경기 이남 지역의 마을 인근에 많이 자라는 나무로 과거에는 덜 익은 열매를 따서 저장해두고 먹었다. 열매는 말려 약재로 썼다.

**山羊 산양** 우리나라 산양은 살아 있는 화석으로 불릴 정도로 100만 년 전 지구에 출현한 이후 현재까지 외형적인 변화가 없는 가장 원시적인 종에 속한다. 설악산, 오대산, 대관령, 월악산, 태백산 같은 기암절벽이 많은 깊은 산에 산다. 울음소리가 염소와 비슷하다고 한다.

**栢子 백자** 잣은 백자 이외에도 송자, 실백이라고도 불린다. 우리나라 잣은 올레인산과 리놀렌산 같은 지방유가 약 74%나 들어 있고 맛이 달다. 〈반찬등속〉에는 떡과 한과에 고명이나 장식으로 쓰였다.

## 조실부모한 어린 손주를 위해, 가슴으로 쓴 조리서

〈반찬등속〉의 저자 밀양 손씨와
편저자 손주 강규형 이야기

"아버님께 글을 올립니다. 아버님 지난번에 다녀가신 후에 소식이 없어 궁금하게 생각합니다. 몸은 편안하시고 수신댁도 그동안에 태평하시옵니까. 복을 받기를 소망합니다. 일간에 왕림하시기를 엎드려 바라옵니다." 〈반찬등속〉 서간문 중

밀양 손씨는 1841년 충북 증평의 명문가에서 탄생했습니다. 당시 증평은 손씨 집성촌으로, 지금의 오창 지역을 중심으로 형성되어 있었습니다. 증평의 손씨 집안에서 알려진 사람으로는 3·1 만세 운동을 주도했던 민족 대표 33인 중 한 분인 손병희가 있습니다.

밀양 손씨는 어려서부터 총명하였다고 합니다. 당시 양반가의 여성들은 평균적으로 한글 교육만 받았지만 밀양 손씨는 한문을 익혀 소학까지 읽고 쓸 줄 알았습니다. 그래서 손주 강규형을 어려서는 서당에 보내지 않고 직접 가르쳤다고 합니다.

**밀양 손씨**
1841년 충북 증평에서 탄생
강귀흠(1835~1897)과 혼인
1909년 사망
1913년 사후, 생전에 기록했던
〈반찬등속〉이 손자 강규형에
의해 편찬

※ 밀양 손씨에 대해 알려진 것은
많지 않습니다.
이 글은 증손자 고강광희와 집안
어른들을 인터뷰해 작성했습니다.

### 눈이 닿는 곳이 모두 집안의 땅

밀양 손씨가 강귀흠과 혼인한 시기는 그녀가 열여덟 살 되는 해인 1859년입니다. 진주 강씨 족보에 의하면 아들 하나 딸 하나 두었는데, 혼인한 지 3년째인 스물한 살에 아들 강수영을 봅니다.

증손자 강광희의 이야기에 의하면, 밀양 손씨가 살아 있을 당시 강씨 집안은 아주 부유했습니다. 동네 산에 올라가

보이는 땅이 모두 일가 소유였다고 합니다.

지금 지도를 보고 추측해봅니다. 상신 마을 뒤쪽으로 천둥산이 있고, 동남쪽에는 명심산, 남서쪽으로는 부모산이 자리합니다. 그중 가장 높은 부모산은 232.2m입니다. 그 지류인 천둥산은 우리나라에 흔한 뒷동산으로, 어린아이들도 쉽게 올라갈 수 있는 높이입니다. 저희도 초등학교 시절 여름방학에는 식물과 곤충 채집, 겨울방학에는 썰매를 타러 놀러 가곤 했습니다. 그 산 정상에 올라 서서 마을 쪽을 보면 앞쪽으로 미호천이 흐르고 그 사이에 논이 펼쳐져 있습니다. 밀양 손씨 살아생전 눈에 보이는 땅이 다 집안 땅이었다 하니 그 일대를 말하는 것으로 보입니다.

당시의 부를 설명하는 또 하나의 이야기가 전해져 내려옵니다. 소가 많아 같은 동네는 물론 이웃 동네 농가에까지 위탁해서 키웠다고 합니다. 매해 봄이 되면 밀양 손씨의 남편 강귀흠은 코뚜레를 우마차에 싣고 위탁 농가를 방문했습니다. 어른 소들은 새 코뚜레로 갈아 주고, 새로 태어난 송아지에게는 첫 코뚜레를 뚫어줍니다. 매해 그렇게 소의 마릿수를 확인했습니다. 당시 코뚜레가 우마차에 가득할 정도였다고 하니 소가 얼마나 많았던 것일까요.

### 상신동 진주 강씨 집안

잠시 아주 재미없는 이야기를 하겠습니다. 진주 강씨의 시조는 고구려 강이식 장군입니다. 공식적인 문헌상 확인할 수 있는 인물로는 고구려 강감찬 장군으로 거슬러 올라갑니다. 조선시대로 오면 강희안, 강희맹, 강항, 강세황으로 이어집니다.

청주로 이주한 첫 진주 강씨는 박사공파 강계용으로, 그는 과거 급제하고 국자감 박사까지 했던 인물입니다. 그 후 진주 강씨 박사공파는 이조판서까지 배출했다 합니다. 상신 지역으로 이주해 정착한 이는 현령이었던 강희명입니다. 밀양 손씨의 남편 강귀흠은 그의 13대손입니다.

상신 이주 후 진주 강씨 집안은 역사에 기록될 만한 큰 인물은 배출하지 못했습니다. 강귀흠은 의령원 수봉관이었습니다. 수봉관은 왕이나 왕가의 묘지를 지키는 종9품의 품계로, 참봉이라 불립니다. 지금으로 치면 문화재 관리청에 속한 지방 공무원으로 보입니다. 의령원은 조선 제21대 왕인 영조의 손자인 의소세손(그 유명한 사도세자의 장남으로 3세에 사망)의 묘로, 사적 200호 서삼릉에 있습니다. 현재는 경기도 고양시에 있지만 1949년까지는 서울 서대문구 북아현동에 있었습니다.

청주에서 2013년에 발간한 〈반찬등속〉에는 남편 강귀흠의 직책이 수봉관이었기 때문에 왕가 음식에 대해 잘 알고 있었을 거라고 추정합니다. 〈반찬등속〉 음식 중에서 왕가 음식의 흔적이 몇 가지 보이기는 합니다. 궁중 깍두기인 송송이처럼 아주 작게 자른 깍독이라든지, 궁중에서 썼다는 중박계나 백편이 등장합니다. 공식적으로 박계, 즉 소박계와 중박계, 대박계는 조선 왕가에서 고배상에 올리기 위해 만드는 조과였습니다. 백편 역시 왕가에서 만들던 떡이라 합니다.

개인적인 견해로는 1913년 당시 상신동 강씨 집안은 명문대가라기보다는 조선 후기의 평범한 부농이었다고 생각합니다. 물론 보이는 땅이 다 집안 땅이고, 우마차에 코뚜레가 가득할 정도로 소를 많이 가진 것이 평범하다면 말이죠. 역사적으로 조선 후기에는 농업 자본이 축적되어 많은 부농이 출현합니다.

**집안에 복과 기쁜 일이 생기고 자손도 많이 보기를**

밀양 손씨는 일남일녀를 두었습니다. 아들 강수영은 김씨와 혼인하여 슬하에 아들 둘 딸 하나를 둡니다. 열아홉에 장자 강지형을, 스물넷에 딸 강청자를, 서른한 살에 막내 아들 강규형이 태어납니다.

그러나 강수영은 막내 아들 강규형이 세 살이 되던 해 사망합니다. 기록이 남아 있지는 않지만 부인 김씨도 비슷한 시기에 사망했다 합니다. 3년 후 할아버지 강귀흠도 사망합니다. 이미 성년이 된 첫째와 둘째는 결혼하여 일가를 이뤘지만 여섯 살이었던 강규형은 할머니 밀양 손씨의 손에서 자랍니다. 당시 관습에 따라 재산은 장자 강지형에게 대부분 상속됩니다. 그것이 밀양 손씨가 〈반찬등속〉을 기록할 무렵의 상황입니다.

계산해보면 〈반찬등속〉은 남편 강귀흠이 사망한 해인 1897년과 밀양 손씨가 사망한 해인 1909년 사이에 쓰인 것으로 보입니다. 조실부모한 어린 손주, 재산도 많이 물려줄 수 없는 상황. 밀양 손씨는 집안의 대소사에 필요한 많은 것들을 어린 손주를 앉혀놓고 기록합니다. 매일 먹는 음식, 식재료가 나지 않는 겨울이나 다음 해를 위해 식재료를 저장하는 법. 의례에 필요한 떡이나 술, 때로는 맛나게 먹는 법까지 기록으로 남깁니다. 조리법 사이에는 그 외의 식재료와 음식, 가구 이름까지 기록합니다.

그리고 마지막에 손주를 향한 간절한 바람을 씁니다. 복희다남(福囍多男), '집안에 복과 기쁜 일이 생기고 아들을 많이 낳기를'이라고. 조실부모한 어린 손주를 향해 할머니가 기원하는 최대의 축복이자 기도일 겁니다.

우리나라 고조리서 중 여성들이 쓴 조리서들은 집안에서 내려온 조리법을 며느리나 딸, 넓게는 집안의 여자들에게 전수하기 위해 집필되었습니다. 〈반찬등속〉 역시 집안에서 내려온 조리법을 후손들에게 전해주기 위해 썼다는 점에서는 다른 고조리서와 같습니다. 다만 상대가 손주였을 뿐입니다.

그냥 생각해봅니다. 세 살에 부모를 잃은 손주. 재산이 많다고 해도 대부분은 장자에게 물려줘야 하는 상황. 손씨 당신 역시 점점 나이를 먹고 기력이 약해집니다. 그런 상황에서 밀양 손씨는 손주를 앉혀놓고 집필을 시작합니다. 그러니 이 책의 한구절 한구절은 절절한 할머니의 사랑 아니었을까요.

할머니의 글은 밀양 손씨의 사망 4년 후인 1913년 손자 강규형에 의해 한 권의 책으로 편찬됩니다. 할머니 밀양 손씨가 친정아버지에게 보낸 편지 한 통과 강규형 본인이 쓴 편지 두 통과 함께 말이죠.

〈반찬등속〉저자 밀양 손씨의 세 손주. 뒤쪽이 편저자 강규형이다.

"삼가 편지를 올립니다. 요즈음 글을 읽는 몸이 편안하시며, 선생님께서도 또한 안녕하십니까. 우러러 멀리서 그립고 또 빕니다. 저는 할아버님을 모시는 일이 전날과 같으니 무슨 말씀을 올리겠습니까. 아뢰올 말씀은 지난번에 약속하신 일은 어느 지경에 이르렀습니까. 형께서는 아무쪼록 잘 봐주시고 조만간에 인편이 있으면 가부간에 소식을 전해주시겠습니까. 나머지는 이만 줄입니다." 〈반찬등속〉의 서간문 중

### 편저자 강규형과 그의 형제들

성인이 된 강규형은 혼인 후 만주로 갑니다. 셋째 딸 강정례가 태어나기 직전이라 하니 1930년 전후로 보입니다. 집안 사람들은 이때 재산의 대부분을 정리해 독립자금으로 기탁하기 위해 가져갔다고 알고 있습니다. 그저 집안에 떠도는 이야기일 뿐입니다.

몇 년이 지나 만주에서 돌아온 강규형은 마을 일에 전념합니다. 상신의 제방과 마을 길을 닦는 데 주도적인 역할을 합니다. 인근 마을 문암동 윤상하, 원평동 정을성과 함께 상신의 옆 마을인 원평동에 개량 서당을 설립합니다. 이 학교는 40년 일제에 의해 폐교됩니다. 이후에는 내곡 초등학교 설립과 운영에 적극적으로 관여해 1965년 9월 10일, 학교에 공덕비가 세워졌습니다. 앞면에는 '기성회장 강규형 공적비', 뒷면에는 '개교 이래 20여 년간 학교 건설을 위하여 온갖 정열을 다하시어 학교 할아버지의 칭호를 받으신 분이시다'라고 새겨져 있습니다.

마을 학교에 남은 돈을 다 쏟아부었으니 아들 강광희가 결혼할 무렵에는 가세가 완전히 기울었습니다. 한동안 여름마다 강규형 부부는 무심천과 미호천이 만나는 까치내에 가서 국수와 약주, 인절미 등을 만들어 상춘객에게 팔았습니다. 집안의 약주와 인절미는 유명해서 인근에서 찾아오는 사람들이 많았다 합니다. 손녀 강청자는 청주로 출가해 이남이녀를 둡니다. 남편은 유명한 한학자로 이후 후손들은 청주 시내에서 큰 포목점과 미원 양조장을 운영했습니다. 손녀 강청자는 뛰어난 음식 솜씨로 유명했으며 양조장의 술로 빚은 증편은 소문이 자자했다 합니다.

1965년 청주 내곡 초등학교에 세워진 강규형 공적비.

# 참고문헌

**단행본**

〈고추이야기〉 권대영·정경란·양혜정·장대자, 효일, 2011
〈규합총서〉 빙허각 이씨 지음, 윤숙자 엮음, 백산 출판사, 2014
〈규합총서〉 빙허각 이씨 지음, 이민수 역, 기린원, 1988
〈근대 조선의 경제 구조〉 이헌창, 비봉, 1992
〈근현대 김치와 김장문화〉 윤덕인·홍미숙·김문경·박수금, 지식인, 2020
〈김치의 연구〉 조재선, 유림문화사, 2000
〈김치, 한국인의 먹거리〉 주영하, 공간, 1994
〈동국세시기: 한권으로 집대성한 우리나라 세시풍속〉 홍석모 지음, 정승모 역해, 풀빛, 2009
〈반찬등속〉 김향숙 외, 청주시, 2013
〈반찬등속의 고향: 청주 상신동의 100년〉 강광희, 진샘미디어, 2016
〈부인필지〉 빙허각 이씨 원저, 이효지 외 편역, 교문사, 2010
〈서해와 조기〉 나승만·조경만·고광민·이경엽·김준·홍순일·이윤선, 경인문화사, 2005
〈시의전서〉 이효지 편역, 신광출판사, 2016
〈식탁 위의 조연 같은 주인공, 젓갈〉 강지영, 북랩, 2021
〈우리가 정말 알아야할 우리 김치 백가지〉 한복려, 현암사, 1999
〈우리나라의 천일염 이야기〉 최진호, 시그마북스, 2011
〈음식디미방 주해〉 백두현 역주, 글누림, 2006
〈임원십육지 정조지〉 서유구 지음, 교문사, 2007
〈전통저장 음식〉 전희정·정희선, 교문사, 2009년
〈조기의 한국사〉 정명섭, 푸른들녘, 2020
〈조선무쌍신식요리제법〉 이용기, 영창서관, 1924
〈조선시대 김치의 탄생〉 박채린, 민속원, 2013
〈조선요리제법〉 2판·8판, 방신영, 열화당, 1921·1937
〈증보산림경제〉 유중림 지음, 윤숙자 편역, 지구문화사, 2005
〈통김치, 탄생의 역사〉 박채린, 민속원, 2013
〈한국 식생활사〉 강인희, 삼영사, 1978
〈한국 원예 발달사〉 한국 원예학회, 농업진흥청, 2013
〈한국 의식주 생활 사전:식생활 편〉 국립민속박물관, 국립민속박물관, 2018
〈한국요리전집 4〉 하숙정, 수도출판문화사, 1992

〈한국음식문화〉 윤서석 외, 교문사, 2015

〈한국의 음식 용어〉 윤서석, 민음사, 1991

〈한국의 젓갈〉 김영명·김동수 편저, 한국식품개발연구원, 1990

〈한국의 채소〉 이우승, 경북대학교 출판부, 1994

〈100년 전 충북의 옛모습: 청주시·청원군 편〉 정삼철 편역, 충북학연구소, 2005

〈100년 전 음식을 보다〉 김의환·김영·김종희·조희숙, 반찬등속연구회, 2013

### 논문

'고려 중·후기 채소 생산의 발전', 위은숙, 민족문화연구소, 2018년 8월

'도문대작을 통해 본 조선 중기 지역별 산출 식품과 향토음식', 차경희, 한국 식생활문화학회, 2003

'반찬등속에 기록된 김치의 식문화적 고찰', 이슬·지명순·김향숙, 한국식품조리과학회, 2014

'우리나라 젓갈의 지역성 연구 1, 젓갈의 종류와 주재료', 서혜경·윤서석, 한국식생활문화학회, 1987

'우리나라 젓갈의 지역성 연구 2, 젓갈의 담금법', 서혜경, 한국식생활문화학회, 1987

'우리나라 채소의 역사적 고찰', 이미순·정미숙·이성우, 한국식생활문화학회, 1988

'조선시대 부식류의 조리법에 관한 문헌적 고찰', 김업식, 경희대학교 대학원 식품영양학과, 2008

'조선 후기 강경 포구에서의 선상 활동', 최완기, 역사교육, 2000

'조선 후기 장빙역의 변화와 장빙업의 발달', 고동환, 한울, 1994

'18·9세기 강경장의 중계 상업 기능', 정용문, 건국대학교 대학원 사학과, 2005

'1910년대 청주지역의 식문화 -반찬등속을 중심으로', 권선영, 고려대학교 대학원 문화재학과, 2009

'19세기 강경의 공간적 특징과 생활상', 이철성, 조선시대사학회, 2015

'19세기 은진 강경포의 상품유통구조', 이영호, 서울대학교 국사학과, 1986

### 정기간행물

'조기젓, 지금이 제철 담그는 법과 그 주의할 점', 조선중앙일보, 1936년 5월 7일

'최초의 한글조리서, 최씨음식법', 행복이가득한집, 2015년 12월

### 사이트

한식진흥원 www.hansikmagazine.org

한국민족문화대백과사전 encykorea.aks.ac.kr

국립수산과학원 수산생명자원센터 www.nifs.go.kr

반찬등속, 할머니 말씀대로 김치 하는 이야기

# 반찬등속

| | |
|---|---|
| 초판 1쇄 | 2022년 7월 8일 |
| 2쇄 | 2022년 8월 18일 |

| | |
|---|---|
| 글과 요리 | 강신혜 |
| 사진 | 최해성 haesung-99@hanmail.net |
| 디자인 | LOOKBOOK |
| 일러스트 | 김진희 jinee8505@naver.com |
| | |
| 펴낸곳 | 청주부엌 |
| 펴낸이 | 강신혜 |
| 출판등록 | 제2022-000103호 |
| 주소 | 서울시 서초구 바우뫼로 91 |
| 전화 | 070-4400-4656 |
| 이메일 | chongjukitchen@gmail.com |
| 사이트 | www.banchandeungsok.co.kr |

ISBN 979-11-979207-1-4

ⓒ2022, 강신혜

이 책은 저작권법에 따라 보호를 받는 저작물이므로 무단 전재와 복제를 금지합니다. 이 책 내용의 전부 또는 일부를 이용하려면 반드시 저작권자와 청주부엌의 허락을 받아야 합니다.
제본 및 인쇄가 잘못되었거나 파손된 책은 구입하신 곳에서 교환해 드립니다.